이서윤쌤의 초등 글쓰기 처방전
일기 쓰기

이서윤 글 | 아밀리아 그림

메가스터디BOOKS

서윤쌤의 한마디

글쓰기의 시작은 일기 쓰기부터!

우리 친구들은 일기 쓰는 것을 좋아하나요? 아니면 일기장을 펼쳤는데, 어떻게 써야 할지 막막해서 너무 귀찮고 힘들었던 적은 없었나요? 저는 학생들에게 꼭 일기를 쓰게 해요. 그러면 일기를 너무 짧게 쓰는 친구도 있고, 매일 1교시에 국어 공부했고, 2교시에 수학 공부했다는 식으로 자기 시간표만 나열해 놓는 친구도 있어요. 또 느낀 점을 하나도 안 쓰는 친구도 있지요. 하지만 이런 친구들에게 선생님의 글쓰기 처방전을 알려 주면, 이후에는 멋지고 훌륭한 일기를 써낸답니다. 그 비법이 궁금한가요? 하나도 안 궁금하고, 일기를 왜 써야 하는지도 모르겠다고요? 그럼 일기를 왜 써야 하는지, 그 이유부터 생각해 봐요.

일기를 쓰는 첫 번째 이유는 일기가 바로 '나의 기록'이기 때문이에요. 선생님은 초등학생 시절에 썼던 1학년부터 6학년까지의 일기장을 다 그대로 보관하고 있어요. 하루하루 채워 간 선생님의 삶이 일기에 고스란히 있어서, 지금도 가끔 그 일기장을 읽으면서 웃곤 한답니다. 일기 속 내 이야기를 통해 조금씩 성장하는 내 모습을 확인할 수 있답니다. '기록'이 이렇게 중요해요. 여러분이 지금 쓰는 일기는 나중에 여러분만의 '기록'이 되어 기쁘고 슬프고 귀여운 기억을 간직할 수 있게 해 줘요. 그래서 지금은 귀찮을 수 있지만, 나중에는 '아, 일기를 쓰길 정말 잘했다!'라는 생각이 들 거예요.

일기를 쓰는 두 번째 이유는 일기가 최고의 글쓰기 연습 방법이기 때문이에요. 일기에 여러분의 경험을 구체적으로 풀어 쓰거나, 스쳐 지나갔던 것을 자세히 관찰하는 글을 쓰면 여러분의 생각 그릇이 커지게 돼요. 그리고 생각 그릇에서 나온 이야기들을 글로 옮기면서 글쓰기 실력도 늘어나게 된답니다.

이제, 일기를 써야 할 이유를 찾았나요? 그렇다면 일기는 어떻게 써야 하는 걸까요? 그동안 선생님은 일기 쓰기로 고민하는 친구들에게 여러 가지 방법을 처방했어요. 일기에 매번 '기분은 보통이다.'라고 쓰는 학생에게는 다양한 감정 어휘를 알려 주고 생각 꺼내는 연습을 하게 했어요. 시간표만 나열해 놓은 친구에게는 '가장 기억 남는 오늘의 한 순간을 사진으로 찍으면?'이라는 질문 처방전을 주었지요. 또 하루하루가 똑같아서 쓸 게 없다는 친구에게는 '네가 외계인이 되어 지구에 처음 온다면?'이라는 상상 처방전을 주었어요. 여러분도 선생님이 알려 주는 처방전을 적용하면서 일기를 쓰면 '아, 일기는 이렇게 쓰는 거구나.' 하는 생각이 들 거예요.

우리 친구들, 하얀 일기장에 여러분의 추억과 느낌을 가득 채워 나가면서 글쓰기 실력까지 자라길 바랄게요!

이서윤(랑랑쌤)

 ## 구성과 특징

3단계 50가지 일기 쓰기 비법 처방으로 초등학생 일기 쓰기 고민 완전 해결!

▶ **1단계 글감 처방전_** 일기에 무엇을 쓸지 찾아내 주는 비법 처방 10가지!
▶ **2단계 표현 처방전_** 일기를 멋지게 표현하게 해 주는 비법 처방 30가지!
▶ **3단계 형식 처방전_** 다양한 일기 종류를 알려 주는 비법 처방 10가지!

요즘 초등학생의 생생 일기 고민 50가지!

도대체 뭘 써야 할지 모르겠고, 느낌이나 기분을 어떻게 표현해야 할지 모르겠는 어린이들의 다양한 일기 고민 50가지를 모았어요.

서윤쌤에게 무엇이든 물어보는 일기 고민

일기에 관한 아이들의 구체적인 고민과 처방을 만화를 보듯, 동화를 읽듯 재미있게 읽어 보세요!

서윤쌤의 처방 쏙!

서윤쌤의 처방 내용을 담은 일기 예시를 구체적으로 보여 줘요.
▶ [표현 처방전]에서는 서윤쌤의 특별 처방이 쓰인 문장을 표시해서 알려 줘요.

---

*년 *월 *일 날씨 맑음

동네에 뻥튀기 아저씨가 오셨다. <u>바삭바삭</u> 씹는 맛있는 뻥튀기.
　　　　　　　　　　　　　　　　→ 소리를 흉내 내는 말

뻥튀기를 사러 갔는데, 마침 아저씨가 "뻥이요!" 하고 외쳤다.

<u>뻥</u> 하고 튀어나오는 뻥튀기가 하늘로 날아오르는데 마치 하늘에서 내리는 새하얀 눈 같았다.
→ 소리를 흉내 내는 말

● **서윤쌤의 핵심 일기 쓰기 처방 50가지!**
재미난 글감, 생생한 표현 방법, 다양한 형식을 찾는 데 꼭 필요한 서윤쌤만의 특별한 처방전을 소개해요.

● **처방전 내용 정리하고 연습하기**
▶ [표현 처방전]에서는 일기를 쓰기 전에 먼저, 표현 연습을 해요.
▶ [형식 처방전]에서는 일기 쓰는 법을 다시 한번 구체적으로 정리해 줘요.

○ **편지 형식 일기 쓰는 법**
① '**에게'라고 받는 사람을 쓴다.
② 전달할 말을 본문에 쓴다.
③ 끝으로 '날짜'와 '보낸 사람'을 쓴다.

● **'나만의 일기 쓰기' 전, 생각 떠올리기**
서윤쌤의 처방 내용을 떠올리며 질문에 맞게 답을 써 보세요. 천천히 생각하는 연습을 할 수 있어요.

● **나만의 일기 쓰기**
질문에 따라 쓴 내용을 보고, 나만의 일기를 써 봐요.

차례

일기 쓰기 1단계 **글감** 처방전

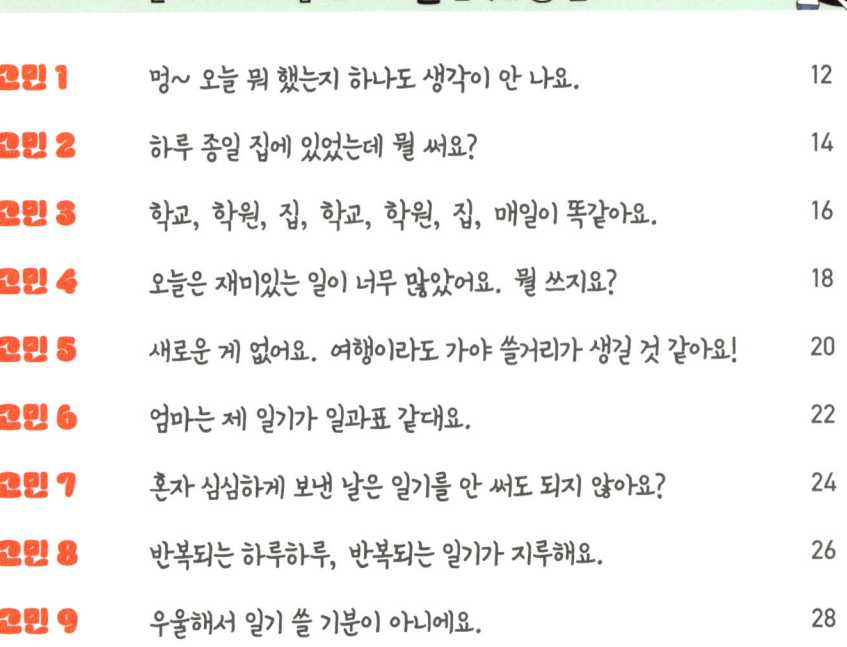

고민 1	멍~ 오늘 뭐 했는지 하나도 생각이 안 나요.	12
고민 2	하루 종일 집에 있었는데 뭘 써요?	14
고민 3	학교, 학원, 집, 학교, 학원, 집, 매일이 똑같아요.	16
고민 4	오늘은 재미있는 일이 너무 많았어요. 뭘 쓰지요?	18
고민 5	새로운 게 없어요. 여행이라도 가야 쓸거리가 생길 것 같아요!	20
고민 6	엄마는 제 일기가 일과표 같대요.	22
고민 7	혼자 심심하게 보낸 날은 일기를 안 써도 되지 않아요?	24
고민 8	반복되는 하루하루, 반복되는 일기가 지루해요.	26
고민 9	우울해서 일기 쓸 기분이 아니에요.	28
고민 10	실제 있었던 일만 쓰는 일기는 시시해요.	30

일기 쓰기 2단계 표현 처방전

|시작하기|

고민 11	일기 쓸 때, 첫 문장이 문제예요!	34
고민 12	더위는 힘들어요. 일기 시작은 더 힘들고요.	36
고민 13	재미없는 일을 그대로 쓰면 일기도 재미없어요.	38
고민 14	내 일기인데 오늘은 아빠가 주인공이에요.	40

|생생한 표현|

고민 15	생생한 일기는 어떻게 쓰는 거예요?	42
고민 16	일기가 머릿속에 그려지게 쓸 수 없을까요?	44
고민 17	제가 말을 만들어서 표현할 수 있을까요?	46
고민 18	시처럼 쓰는 또 다른 방법은 없어요?	48
고민 19	돼지갈비, 냉면의 맛을 잘 표현하고 싶어요.	50
고민 20	오늘은 내 '이'만 신나는 하루였어요.	52
고민 21	엄마가 약속한 걸 일기에 남기고 싶어요!	54
고민 22	상황에 딱 맞게 설명할 좋은 방법이 없을까요?	56
고민 23	발을 벗고 나섰대요. 대체 발을 어떻게 벗어요?	58
고민 24	저는 왜 똑같은 말을 계속 쓸까요?	60

| 느낌이나 감정 |

고민 25   '참 재미있었다'라고 쓰니까 갑자기 재미없어져요.   62

고민 26   나만의 방법으로 느낌을 쓰고 싶어요.   64

고민 27   어떤 말로도 기분을 표현할 수 없을 때는 어떻게 하지요?   66

고민 28   머릿속으로 생각한 걸 더 잘 보이게 쓰고 싶어요.   68

고민 29   별생각이 안 나는데 꼭 생각을 써야 해요?   70

| 자세한 표현 |

고민 30   왜 제 일기는 맨날 이렇게 짧을까요?   72

고민 31   매번 육하원칙을 생각하기는 어려워요.   74

고민 32   종일 같은 행동만 했는데, 그것만 써도 돼요?   76

고민 33   체험 학습 다녀와서 일기를 쓰려고 하면, 기억이 안 나요!   78

| 깔끔한 표현 |

고민 34   제 일기는 이해가 안 된다는데 어쩌면 좋죠?   80

고민 35   마침표를 꼭 찍어야 하나요?   82

| 마무리하기 |

고민 36   저는 마무리가 어려워요. 어떻게 끝내야 할까요?   84

고민 37   일기를 마치면서 쓰면 좋을 말이 있을까요?   86

| 날씨 |

고민 38   맑음, 흐림 말고 다르게 쓰는 법은 없나요?   88

| 제목 |

고민 39   다시 읽고 싶은 일기가 있는데, 못 찾겠어요!   90

| 고쳐 쓰기 |

고민 40   우아! 드디어 일기 다 썼어요! 이제 끝난 거죠?   92

일기 쓰기 ❸단계 형식 처방전

고민 41   그림일기는 유치원생이나 1학년만 쓸 수 있어요?   96

고민 42   만화 일기를 써도 되나요?   98

고민 43   친구한테 사과하고 싶은데 일기에 적어도 될까요?   100

고민 44   짧고 간단하게 쓰는 일기는 없어요?   102

고민 45   꼭 저의 일기를 써야 해요?   104

고민 46   SNS 하는 것처럼 일기를 쓰는 방법은 없을까요?   106

고민 47   간식은 떡볶이냐, 치킨이냐, 대체 어떤 걸 골라야 하지요?   108

고민 48   기자가 되어 일기를 쓰고 싶어요.   110

고민 49   읽은 책 내용으로 일기를 써도 될까요?   112

고민 50   앞으로 일어날 일을 일기로 쓸 수 있어요?   114

 **고민 1**

멍~ 오늘 뭐 했는지 생각이 하나도 안 나요.

일기 쓰려고 앉으면 쓸 게 없어서 생각만 하다가 시간이 다 가요.
오늘 뭐 했는지 생각 안 나는데 어떡하죠?

가장 쉬운 고민 해결 방법은 바로 **장소 따라 기억하기!** 오늘 어디 어디 갔었는지 떠올려 보는 거야. 그 장소들을 골라 먹는 아이스크림이라고 상상하고 한 군데를 골라 봐. 가장 마음에 드는 맛으로 고르는 거지!

오늘은 학교, 놀이터, 영어 학원에 갔어요. 오늘 일기 쓸 장소는 '집 앞'으로 할래요. 학원 끝나고 집 앞에서 줄넘기한 게 재미있었거든요. 선우가 잠옷 바람으로 나와서 엄청 웃겼어요.

하하하. 그때 어떤 생각을 했니?

처음엔 선우가 창피하겠다고 생각했어요. 그런데 취향을 존중해 달라면서 당당하게 줄넘기하는 걸 보니까 재밌기도 하고, 선우가 조금 멋지기도 했어요!

우아! 좋았어! 충분히 일기가 될 수 있겠다!

★ 서윤쌤의 처방 쏙! ★★

*년 *월 *일

집 앞에서 나연이, 선우랑 줄넘기를 했다. 그런데 선우가 잠옷을 입고 등장했다.

핑크 하트 잠옷이라니. 나와 나연이는 정말 너무 웃어서 배꼽이 빠질 뻔했다.

나라면 엄청 창피해서 지렁이 굴이라도 들어가고 싶었을 텐데,

선우는 취향을 존중해 달라며 더 당당하게 엉덩이를 흔들며 걸었다. 대단했다.

어떤 일에도 굴하지 않고 당당한 선우가 부럽다는 생각도 들었다.

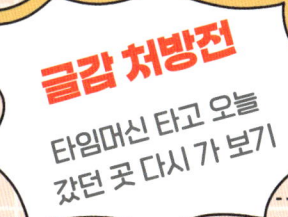

글감 처방전
타임머신 타고 오늘 갔던 곳 다시 가 보기

오늘 내가 갔던 장소를 따라 기억해 봐!

종일 바쁘긴 했는데, 뭘 했는지 기억이 안 난다고? 그럴 땐 먼저 '장소'를 떠올려 봐. 그런 다음 한 곳을 골라 무엇을 했는지 써 보는 거야.

오늘 어디 어디에 갔었니?

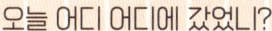

그중에 어디가, 왜 기억에 남니?

그때 무슨 생각을 했니?

 나만의 일기를 써 보자.

고민 2

하루 종일 집에 있었는데 뭘 써요?

진짜 집에만 있었어요. 일기에 도무지 쓸 게 없다고요!

그랬구나. 그렇다면 오늘은 **시간에 따라 기억을 확대해 봐!**

기억을 확대한다고요?

우리가 스마트폰을 볼 때 크게 보려면 어떻게 하지? 검지와 엄지를 이용해서 쭉쭉 확대하잖아. 바로 그렇게 기억을 확대하는 거야. 그럼 저녁 시간으로 가 볼까?

특별한 게 없었어요. 저녁 먹은 게 다인데….

그럼 저녁밥을 확대해 봐. 특히 맛있었던 건 뭐였니?

아, 된장찌개요! 정말 맛있었어요. 사실 우리 엄마는 요리를 못하시거든요. 그런데 오늘 된장찌개가 굉장히 맛있는 거예요.

알고 보니까, 외할머니께서 물 붓고 끓이기만 하면 되게 만들어 주셨더라고요. 하하. 우리 외할머니는 완전 요리왕이거든요.

평범했던 저녁을 확대하니 재미있는 쓸거리가 나왔지!

★ 서윤쌤의 처방 쏙! ★★

년 월 *일

우리 엄마는 요리를 못한다. 엄마 요리보다 급식이 더 맛있다는 걸 엄마도 인정했다.

그런데 오늘 저녁 된장찌개는 진짜 눈이 번쩍 뜨이도록 맛있었다!

이게 무슨 일이지? 알고 보니 외할머니가 물만 넣고 끓일 수 있게 만들어 준 거라고 했다.

우리 외할머니는 완전 요리왕이니까.

엄마, 요리는 못하지만 그래도 난 엄마를 제일 사랑해요! ♡♡~

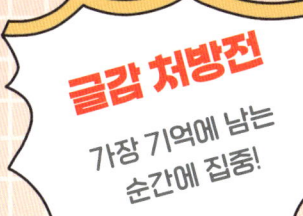
글감 처방전
가장 기억에 남는 순간에 집중!

지나간 시간을 떠올리고 기억을 확대해 봐!

스마트폰 화면을 확대하듯이 기억을 확대해 보면, 분명히 어떤 특별하거나 새로운 감정이 있을 거야. 바로 그 부분에 집중해서 일기를 써 보는 거지.

아침부터 저녁까지 집에서 무엇을 했니?

그중에 어떤 순간을 확대해 보고 싶니?

그 순간에 어떤 생각이나 느낌이 들었니?

★ 나만의 일기를 써 보자.

고민 3

학교, 학원, 집, 학교, 학원, 집,
매일이 똑같아요.

선생님, 저는 진짜 매일매일이 똑같아요. 학교, 학원, 집, 이게 정말 다예요.
매일 똑같은 내용인데, 일기에 대체 뭘 써야 할지 모르겠어요. 확대할 순간도 없어요!

그럴 때도 방법은 있어. 바로 **사람에 집중하기!** 매일 보는 선생님이나 친구들을 잘 관찰해 보면, 분명 다른 날과 다른 부분이 있을 거거든. 오늘 누구누구와 대화를 했었는지 생각해 볼래?

사람에 집중하라고요?
음…. 아, 대영이가 생각나요!

영어 학원에서 대영이와 짝이 되어 퀴즈 대결을 했는데, 우리 팀이 졌어요. 대영이는 매번 퀴즈를 잘 맞혀서 영어 퀴즈에 강한 줄 알았어요. 알고 봤더니, 대영이 자리에서 선생님 책이 다 보여서 그동안 커닝을 했던 거래요.

대영이가 이번에 커닝을 하면 안 된다는 걸 제대로 느꼈겠구나!

저도 대영이만 믿고 있었다는 걸 깨달았어요. 앞으로는 제 힘으로 퀴즈를 풀어서 이길 거예요!

★ 서윤쌤의 처방 쏙! ★★

년 월 *일

대영이의 영어 퀴즈 실력이 커닝 덕이었다니. 정말 충격적이다.
하지만 대영이 덕분에 다른 사람에게 기대지 말고
스스로 실력을 키워야겠다는 생각을 하게 되었다.
다음 영어 퀴즈 대결에서는 꼭 이기고 싶다.

글감 처방전

나를 둘러싼 사람들은 매일매일 달라져!

하루를 함께한 사람에 집중해 봐!

친구들과 함께해서 즐거운 이유는 계속 새로운 말과 행동, 사건들이 있기 때문이야. 매일 보는 친구라도 오늘은 무엇을 했는지 자세히 생각해 보면 쓸거리가 보일 거야.

매일 함께 지내는 단짝 친구가 있니?

오늘은 친구와 무엇을 했니?

그때 어떤 기분이 들었어?

⭐ 나만의 일기를 써 보자.

고민 4

오늘은 재미있는 일이 너무 많았어요. 뭘 쓰지요?

오늘은 친구들 만나서 레진 아트도 하고, 마라탕도 먹고, 코인 노래방 갔다가, 탕후루도 먹었어요. 다른 날은 쓸 게 없어 걱정이었는데, 오늘은 쓸 게 너무 많아서 고민이에요.

> 그걸 전부 썼다가는 한 일들을 나열한 것에 그칠 거야. **딱 한 가지 특별한 걸 골라 봐.** 생크림, 딸기, 초코, 고기, 이 맛있는 게 모두 들어 있다고 맛있을까? 그중에 딱 하나만 골라!

> 생크림도 딸기도 초코도 고기도 다 맛있는 것들이지만, 한꺼번에 먹기는 좀….

> 그럼, 재미있는 일들 중에 전 마라탕 먹은 걸 고를래요. 처음 먹어 봤거든요. 친구들이 말하길, 초등학생이라면 마라탕을 먹어야 한대요.

> 오. 좋아. 그렇다면 마라탕 먹었을 때 느낌을 말해 볼까?

> 처음엔 정말 매웠어요. 마치 혀를 고무줄로 꽁꽁 동여맨 기분이었거든요. 그런데 정말 신기하게도 먹을수록 계속 먹고 싶었어요!

★ 서윤쌤의 처방 쏙! ★★

*년 *월 *일

친구들과 신나는 하루를 보냈다. 그중에 제일은 마라탕을 처음 먹어 본 일이었다!

정말 매웠는데, 맵다는 표현으로는 부족하다.

혓바닥을 고무줄로 동여맨 듯했다. 그런데 왠지 또 먹고 싶은 맛이다.

드디어 마라탕 경험 완료! 나는 이제 진정한 초딩이다, 야호!

글감 처방전

과유불급! 넘치면 부족한 것만 못 하다.

여러 일 중 딱 하나만 선택해 봐!

오늘 하루 중 특별한 하나의 순간에 대한 느낌과 생각을 자세히 써 보자.
그럼 더욱 맛깔나는 일기가 될 거야.

오늘 어떤 일들이 있었니?

그중에 가장 기억에 남는 특별한 일 하나만 고른다면 무엇이니?

그때 어떤 느낌이나 생각이 들었니?

★ 나만의 일기를 써 보자.

고민 5

새로운 게 없어요.
여행이라도 가야 쓸거리가 생길 것 같아요!

친구들이 여행 갔던 걸 일기로 쓰면 부러워요.
저도 여행을 다녀오면 일기를 잘 쓸 수 있을 거 같아요. 하지만 오늘은 집에서 텔레비전만 봤는걸요.

새로운 경험을 하면 쓸거리가 생기지. 하지만 우리의 매일이 바로 여행이다 생각하고 우리가 여행을 간 것처럼 익숙한 일상을 새롭게 느껴 보면 어때?

학교랑 학원만 가는데 여행이라고요? 에이, 말도 안 돼요. 쌤처럼 익숙한 것을 새롭게 보는 건 대체 어떻게 하는 거죠?

네가 외계인이고 지구로 놀러 왔다고 상상해 봐. 모든 게 낯설지 않을까? 심지어 텔레비전도 신기할걸?

오, 맞네요. 버튼만 누르면 채널이 바뀌고 작은 상자에서 사람들이 나오니 신기할 것 같아요. 재미있는 프로그램도 많이 나오니까 흥미로울 것 같고요.

좋아! 텔레비전만 본 하루의 일기 해결!

★ 서윤쌤의 처방 쏙! ★★

*년 *월 *일

텔레비전을 봤다. 나는 좋아하는 아이돌이 나오는 프로그램을 특히 좋아한다.

생각해 보니 마음만 먹으면 재미있는 프로그램을 마음껏 볼 수 있다는 게 참 신기했다.

버튼만 누르면 새로운 것도 볼 수 있으니 말이다.

매일 보는 똑같은 텔레비전인데 오늘은 새삼스럽게 신기하다.

텔레비전을 발명한 사람은 정말 천재다.

글감 처방전
지구에 놀러 온 외계인으로 변신!!

여행 온 기분으로 익숙한 걸 새롭게 봐!

내가 사는 곳을 처음 온 곳이라고 상상해 보면 익숙한 것도 낯설게 보일 거야. 그러다 보면 평소에 못 보고 지나친 것을 발견하는 행운도 생기겠지.

외계인이 우리 집으로 여행을 왔다면 무엇이 가장 신기할까?

외계인이 신기한 것을 접했을 때, 어떤 일이 생길까?

외계인은 그때 어떤 느낌과 생각을 갖게 될까?

나만의 일기를 써 보자.

고민 6

엄마는 제 일기가 일과표 같대요.

엄마가 제 일기를 보시더니 "오늘 있었던 일을 그대로 적으면 안 돼. 이건 일기가 아니라 일과표 잖아."라고 하셨어요. 일기가 있었던 일을 적는 건데, 그러면 안 된다니. 도대체 어떻게 해야 하지요?

> 그런 고민을 하는 친구들이 의외로 많아. 하루에 있었던 일을 그냥 순서대로 쓰는 거지. 일기는 생각이나 느낌이 들어가는 게 좋아. 이 방법은 어떨까?
> 바로 **하루 중 딱 한 장면을 사진 찍기!**

> 네? 사진 찍기요? 일기는 글인데요?

> 딱 한 장면을 사진으로 찍었다고 생각하고, 그 사진을 자세히 들여다보는 거야. 생각하지 못했던 것이 보일 수도 있고, 또 새로운 기분이나 생각이 들 수도 있거든.

> 그럼 저는 오늘 방 청소한 장면을 찍어 볼게요. 제 책상에는 왜 그렇게 쓰레기가 많은 걸까요? 빵 포장지에서 날파리가 무더기로 나와서 놀랐다니까요.

방 청소한 날

> 무심히 하던 방 청소를 찰칵! 찍으니 일기가 되었네.

★ 서윤쌤의 처방 쏙! ★★

*년 *월 *일

내 방은 늘 조금 지저분하다. 특히 책상은 조금 많이 지저분하다.

엄마에게 야단맞고 어쩔 수 없이 청소를 했는데,

빵 포장지에서 날파리가 나와서 엄청나게 놀랐다.

휴~ 방 청소는 힘들었지만, 청소하고 나니 반짝반짝한 것이 뿌듯하긴 하다.

고민 7

혼자 심심하게 보낸 날은
일기를 안 써도 되지 않아요?

부모님이 집에 계셔도 바쁘셔서 혼자서 보낼 때가 있어요. 딱히 한 일도 없고요.
그런 날은 아무리 생각해도 일기 쓸 게 없어요.

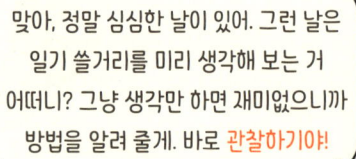

맞아, 정말 심심한 날이 있어. 그런 날은 일기 쓸거리를 미리 생각해 보는 거 어떠니? 그냥 생각만 하면 재미없으니까 방법을 알려 줄게. 바로 **관찰하기야!**

네? 관찰이요? 과학 시간도 아니고, 재미도 없을 것 같은데….

일기를 쓰기만 해도 생각하는 힘을 기를 수 있거든. 그런데 평소에 이것저것 관찰하다 보면 집중하는 힘까지 길러지니 일석이조 아니겠어?

어떻게 해야 하는데요? 그냥 보고 있으면 되나요?

평소 그냥 흘려보냈던 것을 자세히 보면서 색깔, 모양, 냄새, 맛, 기분 등을 생각해 보는 거야. 구름을 관찰해 보는 건 어때? 요즘 맑은 하늘에 뭉게구름이 정말 멋지거든. 저길 봐.

꼭 하늘 위에 거대한 산이 있는 것 같아요. 구름을 보니, 아이스크림도 먹고 싶어요! 한 입 먹으면 엄청 부드럽고 달콤할 것 같아요. 솜사탕처럼 스르륵 녹을 것 같기도 하고요. 언젠가 엄마가 방귀 구름 얘기를 해서 엄청 웃었던 것도 생각나네요. 하하.

관찰을 했더니 평범한 구름도 특별한 일기 소재가 되었지!

★ 서윤쌤의 처방 쏙! ★★

*년 *월 *일

창밖으로 구름이 지나갔다. 구름을 특별히 오랫동안 본 적이 없는데,
자세히 보니 좀 멋있기도 했다. 저 구름을 한 숟가락 떠먹으면 어떤 맛일까 궁금했다.
달콤한 아이스크림 같을까? 솜사탕 같을까?
그런데 갑자기 유치원 때 엄마가 방귀를 방귀 구름이라고 했던 말이 떠올랐다.
크, 갑자기 먹기 싫어졌다.

글감 처방전
관찰은 생각하기 좋은 시간!!

평소 그냥 스쳐 가던 것들을 한번 관찰해 봐!

정말 심심한 날은 가만히 앉아서 매일 무심코 지나쳤던 것들을 자세히 관찰해 봐. 관찰한 것을 골라서 색, 모양, 느낌, 맛 등을 적어 봐.

어떤 것을 관찰하기로 했니?

관찰한 내용을 써 볼까?

어떤 느낌이나 생각이 들었니?

 나만의 일기를 써 보자.

고민 8

반복되는 하루하루, 반복되는 일기가 지루해요.

매일 똑같은 하루도 지겨운데, 매일 똑같은 일기라니.
일기 쓰기 정말 지루한데, 왜 자꾸 쓰라고 하는지 모르겠어요.

지루하다고? 갑자기 슬픈 일이 생기고, 아프고, 놀랄 일이 생기면 그건 또 얼마나 힘들겠어. 반복되는 일상이 얼마나 감사한 건데. 흠흠. 잔소리는 이쯤 해 둘게.

감사하죠. 그래도 일기는 지루해요. 헤헤.

이렇게 해 보면 어때? **지루한 걸 특별하게 만들기!** 이를테면, 날씨?

날씨요? *월 *일 날씨 맑음. 이거요?

맞아. 날씨를 주인공으로 만들어 주는 거야. 맑음, 흐림, 비, 눈. 날씨가 우리에게 엄청 영향을 주는데도 일기에서는 겨우 조연에 불과하잖아. 한 번쯤 멋진 주연으로 만들어 줄 수도 있을 거야.

오늘 날씨 정말 변덕스러웠는데, 변덕쟁이 날씨 이야기를 일기로 써도 재미있겠네요. 일기에게 할 말도 생각났어요.

★ 서윤쌤의 처방 쏙! ★★

년 월 *일

요즘 날씨는 정말이지 변덕스럽다. 흐리고 비가 올 거라고 해서 우산을 들고 학교에 갔는데 비가 조금 오다 안 왔다. 우산을 학교에 놓고 와서 엄마한테 잔소리나 듣고. 날씨! 잘 들어. "안 그래도 우울한데 날씨 네 덕에 잔소리까지 들었어. 좀 너무하다고 생각하지 않니? 그런 의미에서 내일은 해가 났으면 좋겠어."

글감 처방전
내 주변의 조연을 주연으로!

반복되는 것 속에서 변하는 것을 찾아봐!

반복되는 일상에서, 우리가 눈치채지 못하는 사이에 스르륵 변하는 것을 찾아보자. 사소한 것도 특별한 일기로 변하는 마술이 될 거야.

평소에 반복되는 것 중에 주인공이 될 만한 것을 찾아봐.
(날씨, 옷차림, 급식 메뉴, 선생님 머리 모양, 수업 내용 등)

그걸 왜 주인공으로 정했니?

주인공의 어떤 얘기를 쓰고 싶니?

 나만의 일기를 써 보자.

고민 9

우울해서 일기 쓸 기분이 아니에요.

오늘은 기분이 정말 별로예요. 친구도 치킨도 날 위로할 수 없죠.
당연히 일기 같은 거 쓰고 싶지 않아요. 이렇게 우울한 날은 어떻게 하지요?

저런, 무슨 일이 있었구나? 속상한 마음을 떨치는 가장 좋은 방법은 부모님이나 친구에게 말하고 털어 버리는 거야.

하지만 아무에게도 말하고 싶지 않아요.

속상하기는 한데 말하고 싶지 않을 때도 있지. 그렇다면 할 수 없군. 일기 고민 상담소 출동!

네? 일기 고민 상담소요?

일기장이 고민 상담소라고 생각하고 내 속상함을 적어 보는 거야. 어렴풋한 기분을 글로 적다 보면 뭔가 해결책이 보일 때도 있고, 마음이 시원해지기도 하지.

정말요? 휴~ 그럼 오늘은 짝꿍 때문에 기분 상한 걸 쓰고 싶어요.

좋아, 그럼 일기로 완성해 볼까? 선생님은 안 볼게!

★ 서윤쌤의 처방 쏙! ★★

*년 *월 *일

국어 시간에 상황극 역할을 정하다, 아윤이 때문에 기분이 상했다.

아윤이는 내 키가 크다고 행사 풍선 역할을 하라고 했다.

큰 키는 나의 콤플렉스인데, 진짜 속상하다. 그런데 생각해 보니,

내가 왜 기분이 상했는지 말을 안 해서 아윤이는 아마 몰랐을 수도 있을 것 같다.

내일 학교 가서 아윤이하고 다시 이야기를 해 보아야겠다.

글감 처방전
일기장 고민 상담소 오픈!

일기장에 고민을 속 시원하게 말해 봐!

> 기분이 안 좋았던 일을 훌훌 털어 내는 데 일기 쓰기가 최고란다.
> 비밀 일기장을 따로 마련해 보는 것도 도움이 될 거야.

어떤 속상한 일이 있었니?

그 일이 왜 속상했니?

속상한 감정이나 느낌을 솔직하게 써 봐.

★ 나만의 일기를 써 보자.

고민 10

실제 있었던 일만 쓰는 일기는 시시해요.

저는 상상하는 걸 좋아하고, 이야기 꾸미는 걸 좋아해요.
그런데 하루 동안 있었던 일이나 쓰라니. 생각만 해도 시시하잖아요.

이야기 꾸미는 걸 좋아한다면 그걸 일기 쓸 때 활용해 보는 방법도 있어. 바로 **일기에 상상력 펼치기!** 오늘 숙제가 무척 하기 싫었는데, 만약에 우리 집 강아지가 숙제를 대신해 주는 능력이 있다고 상상해 봐. 얼마나 좋겠어?

그런 상상이라면 자신 있어요.

저는 우리 콩이한테 수학 숙제를 시킬 거예요. 매일매일 수학 공부를 하다가 우리 콩이가 수학 7대 난제를 푸는 거예요. 그리고 수학계의 노벨상을 타는 거죠. 하하핫.

하하하. 좋아하는 걸 하니 훨훨 나는구나? 일기도 탄생했고!

★ 서윤쌤의 처방 쏙! ★★

*년 *월 *일

숙제는 정말 하기 싫다. 특히 오늘처럼 학원 숙제에 학교 숙제까지 겹친 날은 더욱더.

우리 콩이가 숙제를 대신해 줄 수 있다면 얼마나 좋을까?

우리 콩이는 날마다 수학 공부를 해서 수학 천재가 되겠지!

그리고 콩이가 필즈상을 받는 거야! 그러면 나도 덩달아 유명해지겠지?

글감 처방전
내 머릿속 상상도 일기가 될 수 있어!

너만의 상상력을 펼쳐 봐!

'만약 하늘을 날 수 있다면? 만약 100만 원이 생긴다면? 만약 우주선을 타고 우주에 간다면?' 등, 머릿속에서 펼쳐지는 상상 이야기를 일기로 적어도 좋아.

'만약 ~한다면?'으로 어떤 걸 상상해 보고 싶니?

네가 상상한 일이 실제로 일어난다면 어떤 일이 생길까?

네 기분은 어떨 것 같니?

 나만의 일기를 써 보자.

"참, 재미있었다."
친구들이 일기 마지막에 가장 많이 쓰는 한 문장이야.
이 문장 때문에 어제도, 오늘도,
일기가 매일 똑같이 느껴지는 경우가 많아.
오늘 재미있고 좋아서 빵 터져 버릴 것 같던 기분을
멋지게 '표현'할 수 있다면 얼마나 좋을까?
일기 표현에도 서윤쌤의 비법 처방이 있다는 사실!

고민 11 | 시작하기 |

일기 쓸 때, 첫 문장이 문제예요!

선생님께서 일기 쓸 때 '나는 오늘'로 시작하지 말라고 하셨어요.
'나는 오늘'을 쓰지 말라고 하니까 '나는 오늘'만 생각나요. 어떡하지요?

시작이 고민이구나? 걱정 마. 시작 처방전이 준비되어 있단다. 처방전이 필요한 일기를 먼저 볼까?

▶고민 일기◀

*년 *월 *일 날씨 맑음

나는 오늘 학교에서 체육 시간에 피구 시합을 했다. 운동장에 나가서 팀을 나누고 피구를 시작했다. 나는 공 피하는 것을 잘한다. 그래서 마지막까지 살아남았는데, 결국 공을 맞았고 우리 팀은 졌다. 기분이 별로 좋지 않았다.

'나는 오늘'을 쓰지 않아도 일기를 쉽게 시작할 수 있어. 그 첫 번째 처방전은 바로 **대화문으로 시작하기**. 체육 시간 시작할 때 선생님이나 친구들이 무슨 말을 했는지 떠올려 봐.

체육 선생님께서 "오늘 체육은 운동장에서 한다!"라고 하셨어요.

★ 서윤쌤의 처방 쏙! ★★

*년 *월 *일 날씨 맑음

"오늘 체육은 운동장에서 한다!"
선생님 말씀에 신난 우리는 재빨리 운동장으로 나갔다.
운동장에서 팀을 나누고 피구를 했는데, 나는 공을 잘 피할 자신이 있었다.
그런데 결국 나는 공을 맞았고 우리 팀도 졌다. 기분이 별로 좋지 않았다.

 대화문을 쓰니 같은 내용의 일기라도 훨씬 생동감이 있고 좋지.

표현 처방전

'나는 오늘'을 과감히 버리기

첫 문장을 대화문(" ")으로 시작해 봐!

○ 표현 연습 : 대화문으로 시작하기

· 친구와 분식집에서 떡꼬치를 먹었다. → "서윤아, 우리 떡꼬치 사 먹자." 지혜가 나에게 말했다.

· 학교에서 수학 시간에 단원 평가 시험을 보았다.
→ _____

어떤 내용을 일기로 쓸 거야?

그럼 시작할 때 어떤 내용을 쓸까?

첫 문장을 대화문으로 적어 볼까?

✘ 나만의 일기를 써 보자.

고민 12 | 시작하기 |

더위는 힘들어요. 일기 시작은 더 힘들고요.

와, 오늘 진짜 덥네요. 이렇게 더운 날씨에도 일기를 써야겠지요?
그런데 여전히 일기 시작은 어렵네요.

▶ 고민 일기 ◀

*년 *월 *일 날씨 무더위

학교 끝나고 집에 오는 길에 편의점에 들렀다.
나는 좋아하는 빵빠라 콘을 골랐는데,
지연이는 폴포포를 골랐다. 콘은 너무 맛있었다.
그런데 날씨가 너무 더워서 그런지 폴포포를 고른
지연이가 조금 부러웠다. 내일은 폴포포를 먹어야지.

하하. 오늘 상황에 딱 맞는 처방전이 있지! 먼저 처방전이 필요한 일기를 볼까?

더워서 아이스크림을 먹었구나? 날씨와 내용이 연관이 있을 때 필요한 처방전은 바로 날씨로 시작하기. 더우면 얼마나 더웠는지, 그래서 어떤 일이 있었는지 써 보면 자연스럽게 일기를 시작할 수 있단다. 얼마나 어떻게 더웠니?

정말 제가 녹을 것처럼 더웠어요.
그래서 아이스크림을 먹었고요.

★ 서윤쌤의 처방 쏙! ★★

*년 *월 *일 날씨 무더위

해님이 쨍쨍, 땀이 줄줄 흐르는 하루였다.
그래서 하굣길에 지연이와 편의점에 들러 아이스크림을 사 먹었다.
역시 빵빠라 콘은 달콤하고 시원했다. 그런데 너무 더워서 지연이의
폴포포가 부럽기도 했다. 내일은 폴포포를 먹어야겠다.

 재미있는 날씨 표현으로 시작하니 일기가 더 재미있게 느껴지지?

표현 처방전
오늘 날씨는 어땠어?

첫 문장을 생생한 날씨로 시작해 봐!

○ 표현 연습 : 날씨를 구체적으로 써 보기

· 오늘은 아주 추웠다. → 동물은 모두 겨울잠을 자러 가고, 매서운 바람이 달리기를 했다.

· 오늘은 바람이 많이 불었다.
  → _____

어떤 내용을 일기로 써 볼까?

오늘 날씨는 어땠니?

첫 문장을 날씨로 어떻게 써 볼까?

✕ 나만의 일기를 써 보자.

고민 13 | 시작하기 |

재미없는 일을 그대로 쓰면 일기도 재미없어요.

오늘은 피아노 학원 가는 날이었어요. 그런데 피아노 치는 게 싫어서 기분이 안 좋았어요. 그걸 일기로 쓰긴 했는데, 일기가 너무 재미없어요.

기분이 안 좋았다고? 그렇다면 일기에 기분을 풀어 봐. 먼저, 오늘의 일기를 볼까?

▶고민 일기◀

*년 *월 *일 날씨 비

피아노 학원에 가는 날이었는데, 연습을 거의 못 해 갔다. 선생님께서 연습을 안 해서 실력이 늘지 않는다고 하셨다. 솔직히 학원 다니는 거 너무 싫다. 정말 재미없다.

피아노 치기 싫은 데다가 선생님께 안 좋은 말까지 들어서 기분이 안 좋았구나! 그럴 땐 일기 시작할 때 기분을 구체적으로 적어 봐. **기분 먼저 묘사하기**. 글쓰기를 시작하는 막막함도 덜 수 있고, 호기심을 일으키는 글로 만들 수 있거든.

속상하고 서운하고 우울하기까지 한 게 기분 말이지요?

★ 서윤쌤의 처방 쏙! ★★

*년 *월 *일 날씨 비

<u>속상하고 서운하고 우울해서 기운도 없는 날이었다.</u>
피아노 학원 선생님께서 연습을 너무 안 해서, 실력이 거의 늘지 않았다고 하셨기 때문이다.
솔직히 피아노 학원 다니는 거 너무 싫다.
엄마한테 다시 말씀드려도 소용없겠지. 아, 연습하기 싫다.

속상한 마음을 적다 보면 기분이 나아지기도 해. 힘을 내렴.

표현 처방전 오늘 내 마음을 자세히 들여다보기

첫 문장을 기쁘거나 속상한 내 기분으로 시작해 봐!

○ 표현 연습 : 기분을 구체적으로 써 보기

· 친구와 싸운 날 → 엄청나게 흐린 것처럼 기분도 흐린 날이었다.

· 가족들과 갈비 외식을 한 날

→ _____

어떤 내용으로 일기를 써 볼까?

기분이 어땠니?

오늘 기분을 나타낼 첫 문장을 어떻게 써 볼까?

✘ 나만의 일기를 써 보자.

 |시작하기|

내 일기인데 오늘은 아빠가 주인공이에요.

오늘 일기는 아빠가 거의 주인공이나 다름없어요.
그런데 아빠에 대한 설명이 없으니까 내용 전달이 잘 안 되는 것 같아요.

오! 정말 좋은 고민이네.
이럴 때 딱 맞는 처방전이 있지.

▶고민 일기◀

*년 *월 *일 날씨 맑음
아빠와 오랜만에 배드민턴을 쳤다.
그래서 오늘 정말 즐거웠다.
실력도 더 는 것 같다.

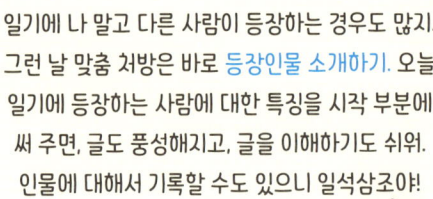

일기에 나 말고 다른 사람이 등장하는 경우도 많지.
그런 날 맞춤 처방은 바로 <u>등장인물 소개하기</u>. 오늘
일기에 등장하는 사람에 대한 특징을 시작 부분에
써 주면, 글도 풍성해지고, 글을 이해하기도 쉬워.
인물에 대해서 기록할 수도 있으니 일석삼조야!

우리 아빠는 무척 자상하시지만
요즘은 일 때문에 바빠서 자주
못 놀아 주셨어요.

★ 서윤쌤의 처방 쏙! ★★

*년 *월 *일 날씨 맑음

우리 아빠는 자상하신 편이다. 그리고 나를 무척 사랑하신다.

그런데 요즘 출장이 많아서 바쁘셨다. 나는 아빠랑 놀 시간이 없어서 아쉬웠다.

오늘 정말 오랜만에 아빠랑 같이 배드민턴을 쳤는데, 아빠랑 치니까

실력이 쑥쑥 느는 기분이다. 셔틀콕이 열 번이나 왔다 갔다 했다! 정말 즐거웠다.

 오! 즐거웠겠다. 아빠랑 또 뭐 하고 놀았니?

표현 처방전
오늘 주인공은 어떤 사람이야?

첫 문장에 등장인물을 미리 소개하며 시작해 봐!

● 표현 연습 : 인물 소개하기

· 친한 친구 민규와 놀이터에 간 일기
　→ 민규는 2학년 때부터 나와 가장 친한 친구다. 마음도 잘 맞고 좋아하는 것도 비슷하기 때문이다.

· 수학 학원 선생님과 수업한 일기
　→ _____

어떤 내용으로 일기를 써 볼까?

일기에 누가 나오니?

일기에 나오는 사람이 어떤 사람인지 소개해 줄래?

✖ 나만의 일기를 써 보자.

고민 15 | 생생한 표현 |

생생한 일기는 어떻게 쓰는 거예요?

도대체 생생한 일기는 어떻게 쓰는 거예요? 표현을 좀 더 생생하게 해 보고 싶은데, 일기가 생선도 아니고 어떤 게 생생한 건지 모르겠어요.

호호. 생생하다는 건 글을 보고 있는 지금, 막 일어나고 있는 일을 직접 보는 듯한 느낌이야. 고민 일기부터 볼까!

생생하게 바꿀 수 있겠어. 바로 소리나 모습을 흉내 내는 말로 꾸미기! 방귀를 그냥 뀌는 것보다 뽕! 뀌면 더 생생하겠지? 소리나 모양을 흉내 내는 말은 글의 느낌을 더 풍성하게 만들어 준단다.

▶고민 일기◀

*년 *월 *일 날씨 흐림

할머니는 우리 집 옆 동에 사시는데, 엄마가 바쁠 때는 나를 돌봐 주신다. 오늘도 간식을 챙겨 주시려고 오셨는데, 갑자기 큰 소리가 났다. 나는 주방으로 달려갔는데, 할머니가 미끄러져 넘어지실 뻔했다. 정말 큰일 날 뻔했다.

그럼 '큰 소리'가 난 것보다 '콰당 소리'가 나는 것이 더 생생하겠네요.

★ 서윤쌤의 처방 쓱! ★★

*년 *월 *일 날씨 흐림

할머니는 우리 집 옆 동에 사시는데, 엄마가 바쁠 때 나를 돌봐 주신다. ―인물 소개

오늘도 할머니께서 내 간식을 챙겨 주시려고 오셨다. 그런데 주방에서 갑자기 콰당 소리가 났다.

나는 깜짝 놀라서 후다닥 주방으로 달려갔다. 갑자기 미끄러워 의자를 잡으셨는데도

주르륵 미끄러졌다고 하셨다. 다행히 다치지는 않으셨다. 휴, 정말 다행이다.

 흉내 내는 말을 넣으니 더 생생하지!

표현 처방전
쾅당, 주르륵, 멍멍, 소복소복

소리나 모양 흉내 내는 말을 넣어 봐!

○ 표현 연습 : 소리나 모양을 흉내 내는 말 넣어 보기

· 영희가 탬버린을 쳤다. → 영희가 탬버린을 찰찰 쳤다.

· 고양이가 울었다. → 고양이가 _____ 울었다.

· 아침에 비가 내렸다. → 아침에 비가 _____ 내렸다.

어떤 내용으로 일기를 써 볼까?

무슨 일이 있었어?

소리나 모양을 흉내 내는 말을 넣어 문장을 써 볼까?

✖ 나만의 일기를 써 보자.

43

고민 16 | 생생한 표현 |

일기가 머릿속에 그려지게 쓸 수 없을까요?

흉내 내는 말을 넣는 것 말고 또 생생한 표현 방법은 없을까요?
뭔가 좀 더 풍성하게 쓰고 싶어요.

당연히 있지. 머릿속에 그려지는 표현을 배우기 전에 오늘의 고민 일기를 볼까?

▶고민 일기◀

*년 *월 *일 날씨 맑음

선생님께서 오늘의 실험은 각설탕을 통에 넣고 흔들어 깨뜨려 보기라고 하셨다. 통에 각설탕을 넣고 마구 흔들었더니, 각설탕이 부서져서 설탕 가루가 되었다. 선생님께서 돌멩이도 각설탕처럼 부서져 흙이 된다고 하셨다.

재미있는 실험을 했구나. 오늘의 처방전은 꾸미는 말 넣기. 각설탕을 부술 때 어떤 모양이었는지, 어떻게 흔들었는지 생각해 봐. 그러면 그때 상황을 더 풍성하게 표현할 수 있지.

부서진 각설탕이 눈처럼 하얬어요!

★ 서윤쌤의 처방 쏙! ★★

*년 *월 *일 날씨 맑음

"여러분 이게 뭘까요?" 선생님께서 가리키신 건 각설탕?

● 대화문

각설탕을 <u>둥근</u> 통에 넣고 <u>세게</u> 흔들어 부수는 실험을 했다. 처음엔 네모반듯했던 각설탕이 통에 <u>탕탕</u> 부딪히며 부서졌다. 각설탕이 작아질수록 <u>하얀</u> 설탕 가루가 통 바닥에 <u>수북이</u> 쌓였다.
● 소리를 흉내 내는 말

돌멩이도 이렇게 부서져 흙이 된다니 정말 신기했다.

 꾸미는 말로 좀 더 재미있는 글이 되었지?

꾸미는 말을 넣어서 표현해 봐!

○ 표현 연습 : 꾸미는 말로 표현하기

· 털이 있는 토끼를 보았다. → 새하얀 털이 있는 토끼를 보았다.

· 점심시간에 친구들과 밥을 먹었다. → _____

· 포도가 맛있었다. → _____

어떤 내용으로 일기를 써 볼까?

무슨 일이 있었어?

어떤 꾸미는 말이 들어가면 좋을까?

❌ 나만의 일기를 써 보자.

고민 17 | 생생한 표현 |

제가 말을 만들어서 표현할 수 있을까요?

흉내 내는 말이나 꾸미는 말을 넣으니 일기가 훨씬 재미있는 것 같아요.
그런데 저는 흉내 내는 말이나 꾸미는 말을 많이 모르니까 직접 만들어서 쓰고 싶은데….

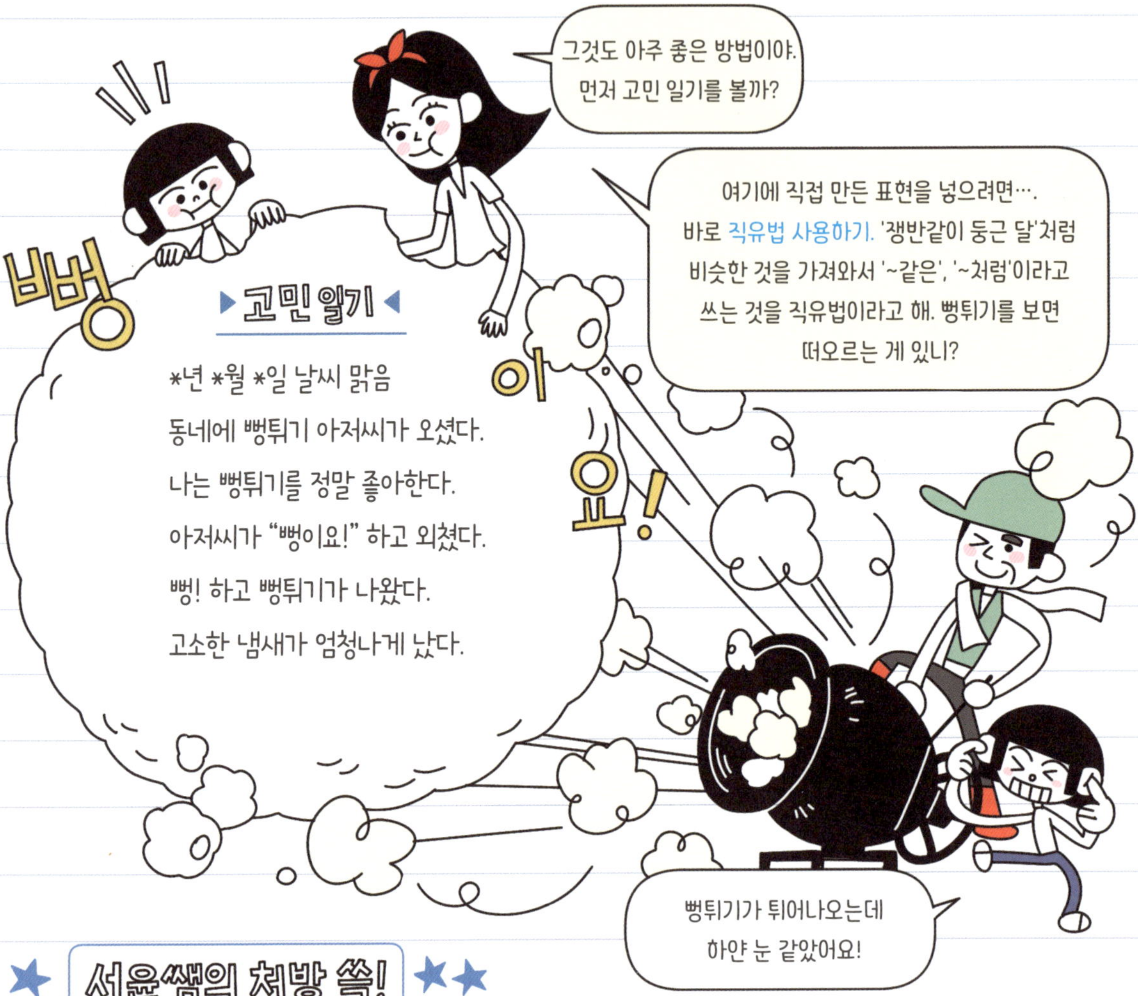

> 그것도 아주 좋은 방법이야.
> 먼저 고민 일기를 볼까?

> 여기에 직접 만든 표현을 넣으려면….
> 바로 직유법 사용하기. '쟁반같이 둥근 달'처럼 비슷한 것을 가져와서 '~같은', '~처럼'이라고 쓰는 것을 직유법이라고 해. 뻥튀기를 보면 떠오르는 게 있니?

▶ 고민 일기 ◀

*년 *월 *일 날씨 맑음
동네에 뻥튀기 아저씨가 오셨다.
나는 뻥튀기를 정말 좋아한다.
아저씨가 "뻥이요!" 하고 외쳤다.
뻥! 하고 뻥튀기가 나왔다.
고소한 냄새가 엄청나게 났다.

> 뻥튀기가 튀어나오는데
> 하얀 눈 같았어요!

★ 서윤쌤의 처방 쏙! ★★

*년 *월 *일 날씨 맑음

동네에 뻥튀기 아저씨가 오셨다. <u>바삭바삭</u> 씹는 맛있는 뻥튀기.
　　　　　　　　　　　　　　　　　　　└─ 소리를 흉내 내는 말

뻥튀기를 사러 갔는데, 마침 아저씨가 "뻥이요!" 하고 외쳤다.

<u>뻥</u> 하고 튀어나오는 뻥튀기가 하늘로 날아오르는데 마치 하늘에서 내리는 새하얀 눈 같았다.
└─ 소리를 흉내 내는 말

 네가 만든 표현 덕에 선생님도 뻥튀기가 먹고 싶어지는걸.

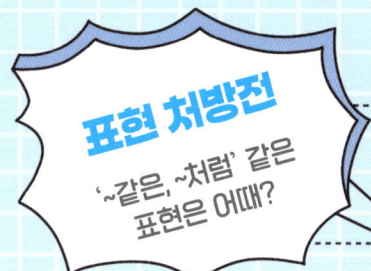

표현 처방전
'~같은, ~처럼' 같은 표현은 어때?

비슷한 점을 떠올려 직유법을 사용해 봐!

○ **표현 연습 : 직유법 써 보기**

· 우리 엄마는 마음이 넓다. → 우리 엄마는 마음이 바다처럼 넓다.

· 아빠가 코를 드르렁 골며 주무셨다. → _____

· 엄마 손이 차가웠다. → _____

어떤 내용으로 일기를 써 볼까?

무슨 일이 있었니?

직유법 표현 중 어떤 것이 들어가면 좋을까?

 나만의 일기를 써 보자.

고민 18 | 생생한 표현 |

시처럼 쓰는 또 다른 방법은 없어요?

직유법은 정말 재미있네요. 평소에 정말 많이 쓰는 표현이었는데, 잘 몰랐던 것 같아요. 직유법으로 표현하니 일기가 시 같아요.

호호. 그렇다면 하나 더 가르쳐 줘야겠는데? 고민 일기 먼저 볼까?

▶ 고민 일기 ◀

*년 *월 *일 날씨 따뜻함
활짝 핀 개나리를 구경하러 갔다.
인형 놀이를 좋아하는 동생이 개나리가 노란 전구 같다고 했다.
그러고 보니 정말 그런 것 같기도 하네.

오, 예쁜 표현이다. 직유법으로 표현했는데, 은유법 써 보기로 바꿀 거야. '~같은'으로 표현하지 않고 '~은 ~다'로 표현하는 거지. 맑고 투명한 바다를 표현하는데 '바다는 거울이다.'라고 표현하면 그 느낌이 더욱 와닿는 것 같지 않니?

오, 정말 시 같은데요?

*년 *월 *일 날씨 따뜻함
개나리가 예쁘게 피어서 구경을 하러 갔다.
"개나리가 노란 전구 같아. 조그매서 귀엽다."
노란 개나리가 활짝 펴서 그런지 동네가 다 환해진 기분이었다.
노란 개나리는 노란 전구다.

선생님은 '노란 개나리는 노란 병아리다.' 이렇게 표현해 볼게.

표현 처방전
'~는 ~다'로 표현하기

은유법으로 시처럼 써 봐!

○ **표현 연습 : 은유법 써 보기**

· 선생님 목소리가 크고 무서웠다. → 선생님 목소리는 늑대 목소리였다.

· 동생은 정말 귀여웠다. → 동생은 정말 _____ 다.

· 케이크가 달콤하고 맛있었다. → 케이크는 _____ 다.

어떤 내용으로 일기를 써 볼까?

무슨 일이 있었어?

은유법 표현으로 바꿔 써 볼까?

✖ 나만의 일기를 써 보자.

고민 19 | 생생한 표현 |

돼지갈비, 냉면의 맛을 잘 표현하고 싶어요.

얼음 같은 냉면? 냉면은 아이스링크? 어제 먹은 냉면이 진짜 맛있었는데, 다른 표현 없을까요?

> 오, 이제 '그것'을 사용할 때가 되었구나. 먼저 고민 일기를 보자.

> 직유법을 활용해서 일기를 썼구나? 하지만 약간 부족하다고 느낀 거지? 그럴 때는 **감각적 표현 사용하기**. 우리가 가진 시각, 청각, 후각, 미각, 촉각, 이 다섯 가지 감각을 이용해서 표현을 풍부하게 해 주는 거야.

▶고민 일기◀

*년 *월 *일 날씨 무더워

우리 가족은 갈빗집으로 출동했다.
돼지갈비는 언제 먹어도 참 맛있다.
그런데 어제의 하이라이트는 냉면이었다.
나는 냉면은 원래 안 좋아하는데,
얼음 같은 냉면이 정말 맛있었다.

> 오! 시원하고 새콤한데 쫄깃쫄깃한 냉면. 바로 이거예요!

★ 서윤쌤의 처방 쏙! ★★

*년 *월 *일 날씨 무더워

"오늘 저녁은 돼지갈비다!" 엄마 말씀에 우리 가족은 갈빗집으로 출동했다. 음, 고소하고 달콤한 냄새!
└ 대화문

불에 그슬려 갈색인 돼지갈비는 언제 먹어도 참 맛있다. 그런데 어제의 하이라이트는 냉면이었다.

냉면을 한 젓가락 집어서 입에 넣는 순간! 구수하고 쫄깃한 면발을 감싼 새콤달콤하고

시원한 국물이 입안에 가득! 와, 이 집 냉면 최고다!

 감각적 표현을 쓰니 냉면을 먹고 있는 기분이야.

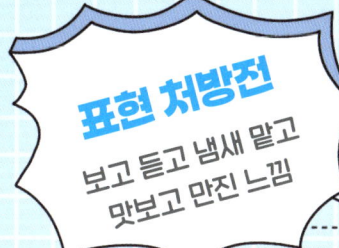

표현 처방전
보고 듣고 냄새 맡고 맛보고 만진 느낌

오감 빵빵! 감각적 표현을 사용해 봐!

○ 표현 연습 : 감각적 표현 사용하기

· 여름 해수욕장에 모래가 가득했다. → 뜨거운 여름 해수욕장에 까칠한 모래가 가득했다.

· 친구가 새 원피스를 입고 왔다.

→ 친구가 _____ 새 원피스를 입고 왔다.

어떤 내용을 일기로 써 볼까?

무슨 일이 있었어?

어떤 감각적 표현이 들어가면 좋을까?

✗ 나만의 일기를 써 보자.

고민 20 | 생생한 표현 |

오늘은 내 '이'만 신나는 하루였어요.

치과에 다녀왔어요. 오늘은 아무 표현이 생각나지 않을 정도로 힘들었어요. 이럴 땐 일기 쓰기를 포기하는 게 맞겠지요?

> 에이, 무슨 말이야. 더 재미있는 일기가 될 방법이 있지. 먼저, 일기를 보자.

> 아유, 정말 아팠겠네. 지금도 생생하고 좋아. 하지만 새로운 처방전도 주고 싶네. 바로 의인화 기법이야. 사람이 아닌 동물이나 식물, 물건이 사람처럼 말하고 행동하듯 표현하는 거지. 치과에 갔으니까 치료 기계나 치료받은 치아를 의인화해 보면 재미있겠네.

▶고민 일기◀

*년 *월 *일 날씨 먹구름

오늘 치과에 갔다.
그간 미루고 미루다 결국 갔는데, 너무 무서웠다.
치과 들어가면서부터 들리는 온갖 소리가
너무 무서웠다. 입을 벌리고 누웠는데 무서워서
눈물이 날 지경이었다. 주삿바늘로 잇몸을 찌르고
한참을 치료하고 나서야 집에 돌아왔다.

> 치료는 아팠는데, 제 '이'는 기분이 좋을 것 같아요. 이가 깨끗해졌으니까요.

★ 서윤쌤의 처방 쏙! ★★

*년 *월 *일 날씨 먹구름

<u>오늘 기분은 정말 꽝이었다.</u> 치과에 갔기 때문이다. 입을 크게 벌리니 의사 선생님이 주사기를
└─ 기분을 묘사하기

<u>꽈악</u> 찔러 마취를 해 주셨다. 눈물이 <u>찔끔</u> 났지만, 꾹 참았다. <u>윙윙 징징</u> 엄청난 소리와 함께
└─ 꾸미는 말   └─ 꾸미는 말   └─ 소리를 흉내 내는 말

치료 기구들이 열심히 일했다. 내 이가 말했다. "깨끗해지니 정말 좋군."

이야, 미안해. 이제 잘 닦을게!

 의인화를 하니 정말 재미있는 일기가 되었네.

표현 처방전
사물이나 동물, 식물을 사람처럼 나타내기

의인법으로 기발하게 표현해 봐!

○ 표현 연습 : 의인법 써 보기

· 참새가 짹짹 소리를 냈다. → 참새가 짹짹 노래했다.

· 나무가 바람에 흔들렸다. → _____

· 정원에 해바라기가 피었다. → _____

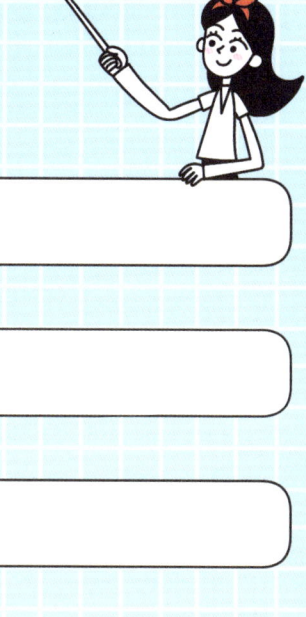

어떤 내용을 일기로 써 볼까?

무슨 일이 있었니?

무엇을 사람처럼 나타내면 좋을까?

❌ 나만의 일기를 써 보자.

53

고민 21 | 생생한 표현 |

엄마가 약속한 걸 일기에 남기고 싶어요!

엄마랑 자전거를 타고 나갔는데, 새 헬멧을 사 주겠다고 약속하셨거든요? 잊지 않도록 일기에 기록으로 남기고 싶어요. 좋은 방법 없을까요?

> 오, 일기의 새로운 활용법이네. 어떻게 일기를 썼니?

▶ 고민 일기 ◀

*년 *월 *일 날씨 맑음

엄마랑 오랜만에 자전거를 타고 나갔다. 자전거 길을 달려 호수에 도착했다. 호수가 정말 아름다웠다. 헬멧 끈이 엉켜서 낑낑대는 나를 보시더니 엄마는 새 헬멧을 사 주겠다고 하셨다. 사 달라고 엄청 조를 때는 안 사 주셨는데, 기분이 좋아지신 모양이었다. 나도 기분 좋다!

> 즐거운 하루를 보냈구나. 엄마가 하신 말을 더욱 도드라지게 쓰고 싶다면 대화문으로 쓰기 방법을 여기에 써 보는 것도 좋을 것 같아. 자전거를 타는 모습이 더 잘 그려질 수도 있고, 또 엄마 말씀을 정확하게 기록할 수도 있겠지?

> 대화문은 어디에나 쓸 수 있는 거군요?

★ 서윤쌤의 처방 쏙! ★★

*년 *월 *일 날씨 맑음

햇살이 쨍한 오후, 엄마랑 오랜만에 자전거를 타고 나갔다. 자전거 길을 따라 시원하게 쌩쌩
└─ 꾸미는 말 　　　　　　　　　　　　　　　　　　　　　　　　　　　　　　└─ 모양을 흉내 내는 말

달려 호수에 도착했다. 거울 같은 호수가 정말 아름다웠다. 헬멧 끈이 엉켜서 낑낑대고 있는데, 엄마가
　　　　　　　　　　└─ 직유법

말씀하셨다. "새 헬멧 사 줄게. 이제 바꿀 때가 된 것 같구나." "정말요? 저 갖고 싶은 헬멧이 있는데,

그거 사 주실 수 있어요?" "그래, 네가 원하는 걸로 골라 봐." 사 달라고 엄청 조를 때는 안 사 주셨는데,

기분이 좋아지신 모양이었다. 나도 기분 좋다!

엄마와의 대화가 아주 잘 담겼네. 기록 성공!

표현 처방전 — 생생한 대화의 기록

본문에도 대화문을 적절히 사용해 봐!

○ 표현 연습 : 대화문으로 바꾸기

· 수학 단원 평가를 보았다. → 선생님께서 말씀하셨다. "수학 단원 평가 보는 날이에요."

· 숙제를 안 해서 선생님께 혼났다. → _____

· 놀이공원에 다녀왔다. → _____

어떤 내용을 일기로 써 볼까?

무슨 일이 있었니?

어떤 대화문이 들어가면 좋을까?

✗ 나만의 일기를 써 보자.

고민 22 | 생생한 표현 |

상황에 딱 맞게 설명할 좋은 방법이 없을까요?

제 친구 중에 속담을 잘 쓰는 애가 있거든요. 그런데 길게 말하지 않아도 설명이 딱 되고 재미있어요. 일기에 속담을 써도 되나요?

당연히 가능하지. 상황에 알맞은 속담으로 대체해서 쓰면 돼. 일기를 볼까?

▶ 고민일기 ◀

*년 *월 *일 날씨 흐림

운동장에서 뛰어놀고 나서 물을 마시려고 했는데, 물통이 없었다. 순간, 무서운 엄마 얼굴이 떠올랐다. 나는 물건을 잘 잃어버려서 자주 혼나기 때문이다. 너무 걱정스러워서 목이 더 말랐다. 에이 모르겠다, 그냥 웃으면서 솔직히 말씀드려야지. 그 순간, 팅팅 뭔가 발에 챘다. 내 물통이 가방걸이 아래에 떨어져 있었다. 온종일 찾아도 없더니 발밑에 있었네. 휴, 아무튼 다행이다.

이런 일이 있었구나? 하하. 적당한 속담이 무엇이 있을까 생각해 보고 **속담 가져다 쓰기** 방법을 써 보자. 혼날 것이 걱정되지만 웃는 얼굴로 말하겠다는 부분과 발밑에 있던 걸 종일 찾아도 못 찾았다는 부분이 딱 좋겠어.

정말 어이없던 그 순간을 속담이랑 같이 쓰면 더 재미있을 것 같아요.

★ 서윤쌤의 처방 쏙! ★★

*년 *월 *일 날씨 흐림

"짝꿍! 내 물통 못 봤어?" 운동장에서 뛰어놀고 나서 물을 마시려고 했는데, 물통이 없었다. 순간
→ 대화문

무서운 엄마 얼굴이 떠올랐다. 엄마는 내가 물건을 잘 잃어버려서 자주 혼내신다. 너무 걱정스러워서
→ 인물 소개하기

마치 사막에 있는 것같이 목이 더 말랐다. 종일 물통 걱정으로 수업에 집중도 안 됐다. 에이 모르겠다,
→ 직유법

그냥 웃으면서 솔직히 말씀드려야지. 설마 웃는 낯에 침 뱉으실까? 그 순간, 팅팅 뭔가 발에 챘다.

내 물통이 가방걸이 아래에 떨어져 있었다. 등잔 밑이 어둡다더니! 휴, 아무튼 다행이다.

 알고 있는 속담이 더 있니?

속담을 가져다 써 봐!

○ 표현 연습 : 알맞은 속담 선택하기

· 친구가 내 험담을 하고 다닌다는 사실을 알게 되었다. → 믿는 도끼에 발등 찍힌다.

· 친구들과 함께 협동화를 그렸더니 그림도 더 멋지고 시간도 빨리 끝났다.

　→ 백지장도 맞들면 낫다. | 모난 돌이 정 맞는다.

어떤 내용을 일기로 써 볼까?

무슨 일이 있었니?

어떤 속담이 들어가면 좋을까?

✖ 나만의 일기를 써 보자.

고민 23 | 생생한 표현 |

발을 벗고 나섰대요. 대체 발을 어떻게 벗어요?

사회 시간에 모둠 발표를 했어요. 우리 모둠은 진짜 열심히 했거든요. 그랬더니 한 친구가 모두 발 벗고 열심히 했기 때문에 가능했다고 하더라고요? 발을 벗는다는 게 무슨 말이에요?

하하. 처음 듣는 낯선 표현이었구나?

'발 벗고 나서다.'는 무척 열심히 한다, '누워서 떡 먹기'는 무척 쉽다는 걸 뜻하는 관용 표현이야. 일기에 관용 표현 사용하기를 활용하면 훨씬 더 재미있는 일기로 완성할 수 있단다. 대화에도 자주 등장하는 관용 표현은 많이 알아 두면 아주 유용해.

▶ 고민 일기 ◀

*년 *월 *일 날씨 바람

선생님께서 그동안 배운 내용을 퀴즈 포스터로 만들라고 하셨다. 우리 모둠은 어떻게 만들지 열심히 생각했다. 그러다 각자 하나씩 만들어 보자고 모두 똑같이 말했다. 특히 성빈이가 제일 열심히 했다. 우리 모둠은 생각이 비슷해서 진행이 잘 되었다. 발표까지 멋지게 해내고, 선생님께 칭찬을 받았다. 기분이 참 좋았다.

아, 그런 뜻이었군요? 정말 재미있는 표현이네요!

★ 서윤쌤의 처방 쏙! ★★

*년 *월 *일 날씨 바람

<u>"모둠별로 퀴즈 포스터를 만들 거예요."</u>
└─● 대화문

선생님께서 그동안 배운 내용을 퀴즈 포스터로 만들라고 하셨다. 우리 모둠은 어떻게 만들지 <u>머리를 맞대고</u> 생각했다. 그러다 각자 하나씩 만들어 보자고 모두 <u>입을 모았다</u>. 특히 성빈이가 <u>발 벗고 나서서</u> 했다. 우리 모둠은 <u>손발이 잘 맞아서</u> <u>착착</u> 진행이 되었다. 발표까지 멋지게 해내고,
　　　　　　　　　　　　　　　　　　　　　　　　└─● 모양을 흉내 내는 말

선생님께 칭찬을 받았다. 오늘은 <u>하늘을 날 것 같은 기분</u>이었다.
　　　　　　　　　　　　　　└─● 직유법

 관용 표현도 생각보다 어렵지 않지?

자주 사용하는 관용 표현을 써 봐!

○ 표현 연습 : 예시에서 알맞은 관용 표현 골라 쓰기

· 거의 쓰러져 가는 집을 보니 간이 서늘했다.

· 엄마한테 거짓말하고 학원 빠질 생각을 하다니 _____

* 예시 : 간이 서늘하다.(매우 놀라다.)
　　　　간이 크다.(겁이 없다.)
　　　　배가 아프다.(남이 잘돼서 속상하다.)

어떤 내용을 일기로 써 볼까?

무슨 일이 있었니?

어떤 관용 표현이 들어가면 좋을까?

✘ 나만의 일기를 써 보자.

 |생생한 표현|

저는 왜 똑같은 말을 계속 쓸까요?

전 친구랑 놀아도 행복하고, 간식을 먹어도 행복하고, 잠을 자도 행복해요.
그래서 일기에 '행복하다'라고 계속 쓴 건데, 좀 지루한가요?

▶ 고민일기 ◀

*년 *월 *일 날씨 맑음

이제 봄이다. 학교에서 과학 시간에 강낭콩 심기를 했다. 강낭콩 심기는 간단했다. 흙을 넣고 씨를 넣고 물도 넣으니 완성되었다. 강낭콩 새싹이 날 걸 생각하니 행복했다. 선생님께서 꼼꼼하게 잘했다고 칭찬해 주셔서 더 행복했다. 빨리 새싹이 나면 좋겠다.
그럼 엄청 행복하겠지.

오늘은 정말 행복했나 보구나? 하하. 이 일기에서는 '넣고'와 '행복했다'를 계속 썼네. 그럴 때는 비슷한 의미를 가진 다른 어휘 쓰기 방법을 쓰면 좋아. 같은 어휘를 반복하는 것보다 훨씬 풍성한 일기가 될 거야.

아, 그러면 비슷한 뜻의 다른 어휘를 찾아봐야겠어요.

★ 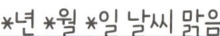 서윤쌤의 처방 쏙! ★★

*년 *월 *일 날씨 맑음

<u>이제 바람도 부드럽고 따뜻한 봄이다.</u> 봄이라 그런지 학교에서 과학 시간에 강낭콩 심기를 했다.
└─▶ 날씨 표현하기

강낭콩 심기는 간단했다. 흙을 넣고 씨를 심고 물도 뿌리니 완성되었다. 강낭콩 새싹이 날 걸 생각하니 행복했다. 선생님께서 꼼꼼하게 잘했다고 칭찬해 주셔서 더 뿌듯했다.

빨리 새싹이 나면 좋겠다.

그럼 엄청 자랑스럽겠지!

 기분을 더 잘 느낄 수 있는 일기가 되었어!

표현 처방전 새로운 어휘와 친해지기

비슷한 의미의 다른 어휘를 다양하게 사용해 봐!

○ 표현 연습 : 문장에 들어갈 알맞은 어휘가 아닌 것에 동그라미 하기

· 나는 친한 친구의 특징을 다른 친구에게 _____ * 설명하다 | 소개하다 | (위로하다) | 말하다

· 엄마는 숙제를 안 했다고 _____ * 꾸짖다 | 설득하다 | 혼내다 | 야단치다

· 오늘 내가 본 모습은 정말 _____ * 흔하다 | 대단하다 | 굉장하다 | 훌륭하다

어떤 내용을 일기로 써 볼까?

어떤 어휘를 사용할 거니?

바꿔 쓸 수 있는 다른 어휘가 있을까?

✖ 나만의 일기를 써 보자.

고민 25 |느낌이나 감정|

'참 재미있었다'라고 쓰니까 갑자기 재미없어져요.

일기에 느낀 점을 써야 하잖아요. 저는 재미있어서 재미있다고 했는데,
갑자기 재미없게 느껴져요. 다르게 쓰는 방법 없을까요?

▶ 고민 일기 ◀

*년 *월 *일 날씨 시원함

오늘은 목요일, 드럼 방과후 수업이 있는 날이다.
기대되는 마음에 교실까지 뛰어갔다.
처음에는 어려웠지만, 선생님께서 알려 주신 대로
드럼 스틱으로 드럼을 치기 시작했다.
조금 어렵긴 했지만 스트레스가 날아가는 느낌이었다.
드럼 치는 게 참 재미있었다.

느낀 그대로 재미있다고 썼는데, 그렇지?
재미있었다는 감정을 어떻게 다르게 표현할
수 있을까? 이번에는 **감정 어휘 사용하기**
방법을 써 보자. 내가 느낀 감정을 표현할 수
있는 어휘가 많이 있거든. 재밌었던 감정에
대해서 조금 더 깊이 생각해 보면
다른 감정 어휘를 찾아낼 수 있을 거야.

음, 시원한 기분도 들었고, 짜릿하기도
했어요. 이런 게 감정 어휘지요?

★ 서윤쌤의 처방 쏙! ★★

*년 *월 *일 날씨 시원함

오늘은 목요일, 드럼 방과 후 수업이 있는 날이다. 기대되는 마음에 교실까지 뛰어갔다.

처음에는 어려웠지만, 선생님께서 알려 주신 대로 <u>쿵짝쿵짝</u> 드럼 스틱으로 드럼을 치기 시작했다.
　　　　　　　　　　　　　　　　　　　　　→ 소리를 흉내 내는 말

조금 어렵긴 했지만 스트레스가 <u>훨훨</u> 날아가는 느낌이었다. 드럼을 치니까 <u>마음이 시원해지고</u>
　　　　　　　　　　　　　　→ 모양을 흉내 내는 말

<u>짜릿한 기분도 들었다.</u> 다 치고 나니 스스로 <u>자랑스럽고 뿌듯했다.</u> 드럼 치는 게 정말 <u>신났다.</u>

 감정이 훨씬 잘 표현되었네.

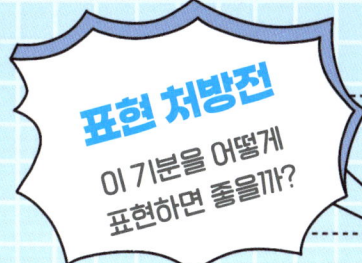

표현 처방전 이 기분을 어떻게 표현하면 좋을까?

다르게 표현한 감정 어휘를 사용해 봐!

○ 표현 연습 : 보기에서 알맞은 감정 어휘를 골라 보기

· 친구가 상을 타서 <u>샘났다</u>.

· 발표를 할 때마다 가슴이 _____   · 나는 잘못한 게 없어서 _____

＊ 보기 : 분하다 | 떳떳하다 | 샘나다 | 두근거리다 | 뭉클하다 | 들뜨다 | 울적하다

어떤 내용을 일기로 써 볼까?

어떤 기분이 들었니?

어떤 감정 어휘가 들어가면 좋을까?

❌ 나만의 일기를 써 보자.

고민 26 | 느낌이나 감정 |

나만의 방법으로 느낌을 쓰고 싶어요.

감정 어휘를 쓰는 것도 좋지만, 가끔은 제 기분을 감정 어휘만으로 다 표현할 수 없을 때가 있어요. 좀 더 저만의 방법이 없을까요?

어떤 기분이었는지 일기를 볼까?

▶ 고민 일기 ◀

*년 *월 *일 날씨 비

급식 시간이었다. 내가 좋아하는 닭볶음탕이라 재빨리 줄을 섰다. 그런데 이현이가 새치기를 했다! 나는 윤이현한테 왜 새치기를 하느냐고 물었다. 이현이는 자기가 먼저 서 있었다며 화를 냈다. 그 소리를 듣고 선생님께서 오셨다. 서로 아니라고 싸우니까 결국 둘 다 뒤로 가라고 하셨다. 기분이 아주 안 좋았다.

친구랑 싸워서 기분이 안 좋았구나! 그때, 네 기분 표현이 조금 아쉽다는 거지? 그럴 때는 **다른 것에 빗대어 기분 표현하기** 방법이 있지. '시원한 소나기 같은 기분이다.'라고 하면 속이 시원한 느낌이 잘 표현되는 것처럼 말이야.

그렇다면 그때 제 기분은 까맣게 탄 계란프라이였어요.

★ 서윤쌤의 처방 쏙! ★★

*년 *월 *일 날씨 비

급식 시간이었다. 내가 좋아하는 닭볶음탕이라 재빨리 줄을 섰다. 그런데 이현이가 새치기를 했다!
"윤이현, 왜 새치기해!" "아닌데? 나 새치기 안 했는데?"
"내가 여기 서 있었는데, 네가 끼어들었잖아!" "내가 먼저 왔거든?" 대화문
그 소리를 듣고 선생님께서 오셨다. 서로 아니라고 싸우니까 결국, 둘 다 뒤로 가라고 하셨다.
닭볶음탕도 늦게 먹고, 선생님께 혼나기까지 하니 내 기분은 까맣게 탄 계란프라이 같았다.

 저런! 우울하고 답답한 기분이 그대로 느껴지네.

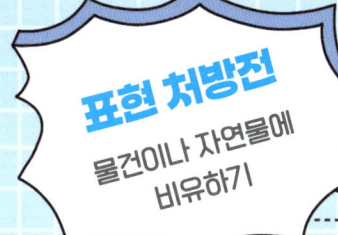

표현 처방전
물건이나 자연물에 비유하기

다른 것에 빗대어 기분이나 상황을 표현해 봐!

○ 표현 연습 : 물건이나 자연물을 상황에 연결해 보기

- 친구가 별명으로 놀린 상황 •　　　• 마음에 터지는 폭죽
- 어린이날 선물을 받은 상황 •　　　• 어릴 때 먹었던 사탕
- 전학 갔던 친구를 오랜만에 만난 상황 •　　• 먹구름

어떤 내용을 일기로 써 볼까?

무슨 일이 있었니?

어떤 물건이나 자연물로 기분이나 상황을 표현해 볼까?

✘ 나만의 일기를 써 보자.

65

고민 27 | 느낌이나 감정 |

어떤 말로도 기분을 표현할 수 없을 때는 어떻게 하지요?

오늘 드디어 장수풍뎅이 성충이 흙 밖으로 나왔거든요. 이 기분은 어떤 말로도 표현하기 어려워요. 진짜 이런 엄청난 기분을 표현할 수 있는 새로운 방법이 있을까요?

> 어떤 기분일지 정말 궁금하구나.

▶고민 일기◀

*년 *월 *일 날씨 맑음

풍풍이가 드디어 나왔다.

엄마도 달려와 구경하셨다.

풍풍이는 장수풍뎅이 애벌레다. 매일 촉촉하게 물도 뿌려 주고,

똥도 치워 주고 키운 노력이 드디어 빛을 보았다.

풍풍이가 번데기방을 만들고 넉 달 만이다.

성충이 안 될까 봐 엄청 조마조마했는데, 엄청 기뻤다.

> 조마조마했다가, 엄청 기뻤겠구나? 이런 마음을 표현하는 여러 가지 방법 중에 오늘은 <u>색깔로 기분 표현하기</u>를 알려 줄게. 파란색을 떠올리면 시원한 느낌이 들고, 분홍색은 먼가 기대되는 기분, 또 검은색은 무척 걱정스러운 감정이 자연스럽게 느껴져. 기분을 색으로 표현해 볼까?

> 오늘 기분은 알록달록 여러 가지 색이에요!

★ 서윤쌤의 처방 쏙! ★★

*년 *월 *일 날씨 맑음

"<u>엄마! 풍풍이가 드디어 나왔어요.</u>" 내 목소리에 엄마도 달려와 구경하셨다. 풍풍이는 장수풍뎅이
— 대화문

애벌레다. 매일 촉촉하게 물도 <u>칙칙</u> 뿌려 주고, 똥도 <u>싹싹</u> 치워 주고 <u>애지중지</u> 키운 노력이 드디어 빛을
— 소리를 흉내 내는 말 — 모양을 흉내 내는 말 — 꾸미는 말

보았다. 풍풍이가 번데기 방을 만들고 넉 달 만이다. 기다리는 동안 <u>내 기분은 분홍색이었다가 점점</u>

<u>회색이 되더니 며칠 전에는 결국 검은색이 되고 말았다.</u> 혹시 번데기 상태에서 죽은 건 아닐까,

기대가 걱정으로 바뀌었기 때문이다. 그런데 오늘 드디어 성충이 나온 것이다.

성충이 안 될까 봐 엄청 조마조마했던 <u>내 기분은 알록달록 무지개처럼 피어났다.</u>

 기분이 느껴지는 색다른 일기가 되었네!

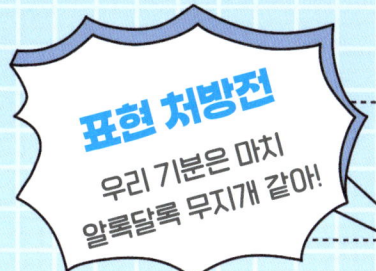

기분에 어울리는 색을 떠올려 봐!

○ **표현 연습 : 기분이나 느낌을 보고 떠오르는 색 써 보기**

- 슬프다 : 검은색, 회색, 보라색
- 우울하다 : _____
- 실망스럽다 : _____
- 기쁘다 : _____
- 즐겁다 : _____
- 행복하다 : _____

오늘 기억나는 한 순간을 떠올려 봐.

그 순간에 어떤 기분이 들었니?

그 기분을 색깔로 표현하면 어떤 색일까?

✗ 나만의 일기를 써 보자.

고민 28 |느낌이나 감정|

머릿속으로 생각한 걸 더 잘 보이게 쓰고 싶어요.

다른 사람에게 말하지 않고 혼자 생각하는 것도 있잖아요.
그런 생각을 좀 특별하게 쓰는 방법 없을까요?

머릿속 생각을 더 잘 보이도록 만들 수 있지. 일기를 볼까?

▶ 고민 일기 ◀

*년 *월 *일 날씨 먹구름

흔들린 지 한참 된 이가 빠지지 않고 속을 썩였다.
밥 먹기가 불편해서 결국 치과에 갔다.
의사 선생님은 이를 뽑자고 하셨다. 도망가고 싶은 생각이 들었다.
뭔가 집게 같은 것을 입안에 넣었다. 무슨 소리가 나더니
다 됐다고 하셨다. 벌써 끝났나 하는 생각을 하고 있는데,
갑자기 피 맛이 느껴졌다.

이를 빼서 아프겠구나. 지금 일기도 괜찮지만, 머릿속 생각을 좀 더 특별하게 바꾸고 싶다면 작은따옴표 활용하기 방법을 써 보자. 작은따옴표를 써서 내 생각을 대화문으로 만드는 거지.

그러면 제 생각이 더 잘 보이겠네요.

★ 서윤쌤의 처방 쏙! ★★

*년 *월 *일 날씨 먹구름

<u>흔들흔들</u> 흔들린 지 한참 된 이가 빠지지 않고 속을 썩였다. 밥 먹기도 너무 불편해서 결국 치과에 갔다.
　　→ 모양을 흉내 내는 말
<u>"그냥 뽑는 게 더 편할 것 같네요."</u> 그 순간 '도망가 버릴까?' 하는 생각이 들었다.
　　→ 대화문
의사 선생님께서 뭔가 집게 같은 것을 입안에 넣었다. <u>탁</u> 소리가 나더니 다 됐다고 하셨다.
　　　　　　　　　　　　　　　　　　　　　　→ 소리를 흉내 내는 말
'벌써 끝났어? 생각보다 안 아픈데?' 그런데 갑자기 피 맛이 느껴졌다.

 어때? 네 마음속 생각이 더 잘 보이지?

표현 처방전
생각을 감싸면 더 특별해져!

대화문처럼 작은따옴표를 활용해 봐!

○ 표현 연습 : 생각을 떼 내어 작은따옴표 안에 넣기

· 친구가 거짓말을 하는 거 아닌가 하는 생각이 들었다. → '거짓말하는 거 아냐?' 하는 생각이 들었다.

· 화장실이 어디 있는지 모르겠다. → _____

· 숙제하기 너무 귀찮다. → _____

어떤 내용을 일기로 써 볼까?

무슨 일이 있었니?

어떤 생각을 작은따옴표에 넣고 싶어?

✘ 나만의 일기를 써 보자.

 |느낌이나 감정|

별생각이 안 나는데 꼭 생각을 써야 해요?

일기를 쓰긴 썼는데, 정말 특별한 느낌이나 생각이 없을 때도 있잖아요.
그럴 땐 도대체 뭘 써야 할지 모르겠어요. 지어서 쓸 수는 없잖아요.

그때는 별생각이 없었더라도 일기를 쓰면서 생각해 보면 돼.

 고민 일기

*년 *월 *일 날씨 맑음

미술 시간에 수채화로 여행에 관한 그림을 그렸다. 한참 고민 끝에 지난여름에 갔던 해수욕장을 그리고 있었다. 고민한 만큼 그림이 잘 그려지지 않아서 짜증이 좀 났다. 그때 진호가 내 물통을 쏟았다. 그림을 망친 데다가 옷까지 젖었다. 나는 너무 화가 나서 소리치고 말았다. 진호가 사과했지만 결국 나와 진호 모두 기분이 나빠지고 말았다.

만약 진호에게 소리치지 않았다면? 그림은 새로 그려야 했겠지만, 기분이 상하지는 않았겠지. 바로 이렇게 '만약 ~면'을 넣어 가정해 보는 거야. 일어나지 않은 일이지만 상상해 보면 새로운 생각을 떠올릴 수 있게 될 거야.

만약 물통을 엎지 않았다면 저는 마음에 안 드는 그림을 냈을 거예요. 새로 그린 게 더 마음에 들긴 했거든요.

★ 서윤쌤의 처방 쏙! ★★

*년 *월 *일 날씨 맑음

미술 시간에 수채화로 여행에 관한 그림을 그렸다. 한참 고민 끝에 지난여름에 갔던 해수욕장을 그리고 있었다. 고민한 만큼 그림이 잘 그려지지 않아서 짜증이 좀 났다. 그때 <u>탁</u> 소리가 나더니 물통이 ┗━ 소리를 흉내 내는 말
쏟아지고 말았다. 그림을 망친 데다가 옷까지 젖었다. <u>"진호 너, 뭐 하는 거야!"</u> 나는 너무 화가 나서 ┗━ 대화문
소리를 질렀다. 진호가 사과했지만 결국 나랑 진호 모두 기분이 나빠진 것 같았다. 하지만 만약 진호가 물통을 쏟지 않았다면, 나는 마음에 안 드는 그림을 그대로 냈겠지. 내일 진호에게 사과해야겠다.

 '만약' 하나로 완벽한 일기가 되었네.

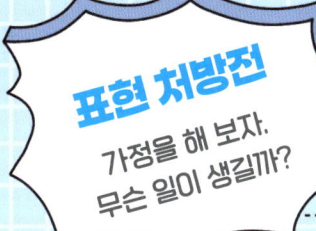

'만약~면'으로 선택이나 상황을 바꿔 봐!

○ 표현 연습 : '만약 ~면'을 써서 바꿔 보기

· 줄넘기를 열 개 했다. 만약 날개가 있다면 천 개도 거뜬히 했을 텐데.

· 자전거를 탔다. 만약 _____

· 수학 단원 평가 100점을 맞았다. 만약 _____
_____

어떤 내용을 일기로 써 볼까?

무슨 일이 있었니?

'만약 ~면'을 넣어서 어떤 생각을 해 볼까?

✖ 나만의 일기를 써 보자.

고민 30 | 자세한 표현 |

왜 제 일기는 맨날 이렇게 짧을까요?

엄마가 제 일기를 보고 좀 길게 쓸 수는 없냐고, 일기가 어떻게 다섯 줄을 못 넘기냐고 해요.
저는 최선을 다해서 썼는데, 어떻게 더 길게 쓰라는 건지 도저히 모르겠어요.

> 얼마나 짧은지 고민 일기를 한번 볼까?

▶ 고민 일기 ◀

*년 *월 *일 날씨 따뜻함

딱지치기를 했다.
내가 이겼는데 친구가 연습이었다면서 딱지를 안 줬다.
아무리 말해도 딱지를 안 주는 친구가 싫었다.
다음부터 같이 딱지 안 쳐야지.

> 정말 간단하네! 어떤 일이 있었는지, 어떤 생각을 했는지 다 썼는데도 이렇게 짧다면, **육하원칙대로 써 보기** 방법을 사용해 볼까?
> 육하원칙이란 '누가, 언제, 어디서, 무엇을, 어떻게, 왜'에 해당하는 여섯 문장을 쓰는 거야.

> 육하원칙대로 쓰면, 좀 더 길게 자세히 쓸 수 있을 것 같아요.

★ 서윤쌤의 처방 쏙! ★★

*년 *월 *일 날씨 따뜻함

<u>2교시 끝나고 쉬는 시간이었다.</u> <u>교실에서 지율이와 딱지치기를 하다가 싸웠다.</u>
　　　└ 언제　　　　　　　　　　　　　　└ 어디서, 누가, 무엇을

<u>"진짜 판이다. 진 사람이 딱지 주기다."</u> 딱지치기에서 내가 이겼는데 <u>지율이는 연습이라는 거다.</u>
　　└ 대화문　　　　　　　　　　　　　　　　　　　　　└ 왜

"아니야. 이번 판은 연습이라고 했어." <u>지율이가 얄밉게 계속 우겼다.</u> 그때 <u>딩동댕동</u>
　　　　　　　　　　　　　　　　└ 어떻게　　　　　　　　　└ 소리를 흉내 내는 말

<u>쉬는 시간 끝이라며 종이 소리쳤다.</u> <u>'아, 이지율 진짜 싫어. 다시는 같이 딱지 치기 안 해.'</u>
　　└ 의인법　　　　　　　　　　　　└ 작은따옴표 쓰기

 육하원칙은 글을 완성하는 기본 공식이야.

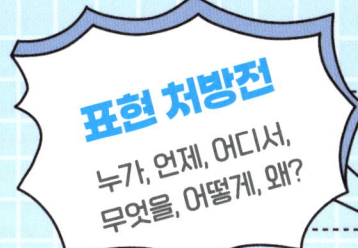

표현 처방전
누가, 언제, 어디서,
무엇을, 어떻게, 왜?

육하원칙에 맞게 써 봐!

○ 표현 연습 : 육하원칙의 '누가, 언제, 어디서, 무엇을, 어떻게, 왜'를 찾아 표시하기

· 우리 가족은 저녁에 새로 생긴 뷔페 식당 '아수리'에서 외식을 했다.

식당에서 엄청 먹고 집에 갔는데 동생이 배가 아프다고 했다. 손이 차갑고 얼굴도 하얗게 변했다.

"체했나 보구나." 엄마는 동생 등을 두드리고 소화제도 주셨다.

동생이 누워 있으니 좀 불쌍해 보였다. 빨리 나았으면 좋겠다.

어떤 내용을 일기로 써 볼까?

무슨 일이 있었니?

육하원칙에 맞춰서 써 볼까?

✗ 나만의 일기를 써 보자.

고민 31 |자세한 표현|

매번 육하원칙을 생각하기는 어려워요.

육하원칙에 맞게 써도 짧아요. 심지어 육하원칙에 완벽하게 맞지 않을 때도 있고, 또 쓰기 애매할 때도 많은걸요.

몰론, 쓸 말을 찾기 어려울 수도 있지. 한번 보자.

일기를 보니 고민인 이유를 알겠네. 그런데 말이야, 선생님은 이 일기를 보니까 궁금한 것이 생겨. 간식으로 뭘 먹었는지, 블록으로 무엇을 만들었는지, 또 얼마나 멋졌는지, 기분이 어떻게 좋았는지, 만든 블록은 어떻게 했는지 등등 말이야. 그래서 이번 방법은 <u>궁금한 것이 없게 쓰기</u>야.

▶고민 일기◀

*년 *월 *일 날씨 비

학교에 다녀와서 간식을 먹고 블록 놀이를 했다.
엄마는 내가 만든 블록이 멋지다고 하셨다. 기분이 좋았다.

읽는 사람이 궁금한 게 없도록 쓰기만 해도 일기가 엄청 길어지겠는데요!

★ 서윤쌤의 처방 쏙! ★★

*년 *월 *일 날씨 비

학교에 다녀와서 소파에 앉았다. 엄마는 <u>바나나와 요거트</u>를 간식으로 주시면서 손을 씻고 먹으라고 하셨다. 시원한 물로 손을 씻고, 맛있는 간식을 먹고 나니 기운이 좀 났다. 간식을 먹고 방에서 블록을 가지고 나와 오랜만에 거실에서 블록 놀이를 했다. 오늘 친구들과 이야기를 나눴던 엄청 <u>커다란 로봇 블록을 만들어 봤다.</u> 시간이 한참 걸렸지만, 만들고 나니 뿌듯했다.
엄마는 블록을 보시더니 <u>영화에 나오는 진짜 로봇 같다며 멋있다고 해 주셨다.</u>
<u>학교 다녀와서 피곤한 기분이 싹 사라질 만큼</u> 만족스러웠다.

→ 꾸미는 말

일기가 길어지기도 하고 더 재미있기도 하지? 궁금증 해결!

누가 읽어도 궁금한 것이 없게 써 봐!

○ 표현 연습 : 구체적으로 써 보기

· 친구와 놀았다. → (누구와, 무엇을) 아윤이와 딱지치기를 하고 놀았다.

· 놀이공원에 갔다. → (언제, 어떤) _____

· 저녁을 먹었다. → (메뉴, 어떻게) _____

어떤 내용을 일기로 써 볼까?

무슨 일이 있었니?

어떤 내용을 더 자세하게 구체적으로 써 보면 좋을까?

✖ 나만의 일기를 써 보자.

고민 32 | 자세한 표현 |

종일 같은 행동만 했는데, 그것만 써도 돼요?

오랜만에 바다에 놀러 갔는데, 너무 피곤해서 진짜 돗자리에만 있었어요.
피곤해서 그런지 별로 재미도 없어서 계속 바다만 봤거든요. 그랬더니 쓸 게 없더라고요?

> 바다에서 놀기도 바빴을 텐데, 정말 피곤했나 보구나.

▶ 고민 일기 ◀

*년 *월 *일 날씨 맑음

오랜만에 바다에 놀러 갔다.
그런데 너무 피곤해서 돗자리에 누워 잠만 잤다. 자다가 깨서 간식을 먹었지만, 계속 기운이 안 나서 바다만 바라봤다. 바다가 예뻤다.

> 그래, 매번 신나게 놀 수는 없지. 그래도 바다를 봤잖아. 이럴 때는 **묘사하는 글쓰기** 방법을 써 보는 건 어떨까? 별일은 안 했지만, 바다는 정말 아름다웠잖아? 바다에 대해서 묘사를 해 보는 거야. 그림을 그리듯 자세히 설명해 주는 거지.

> 그럼 제가 본 바다를 한번 묘사해 볼까요?

★ 서윤쌤의 처방 쏙! ★★

*년 *월 *일 날씨 맑음

오랜만에 가족들이랑 바다에 놀러 갔다.

그런데 너무 피곤해서 돗자리에 누워 잠만 잤다. 자다가 깨서 수박을 간식으로 먹었지만, 계속 기운이 안 나서 바다만 바라봤다. <u>바닷물이 유리알처럼 정말 맑았다.</u> 햇빛이 바다 위에
→ 직유법

반사되어 눈이 부시도록 반짝거렸다. 하늘은 또 어찌나 맑던지 하늘색과 바다색이 구분이 안 될 정도였다. 돗자리에 앉아 바다를 자세히 봐서 그런지 더욱 아름다운 것 같았다.

기분이 좋아졌다. <u>'내일 또 바다를 봐야지.'</u>
→ 작은따옴표

 눈부신 바닷가 풍경이 그림처럼 눈앞에 그려지는 것 같네.

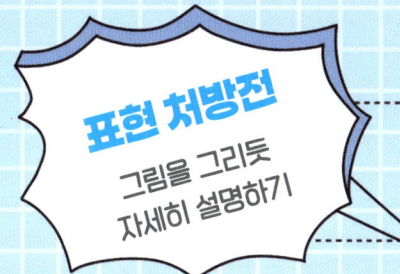

사물이나 자연을 묘사해 봐!

○ 표현 연습 : 묘사해 보기

· 지나는 예쁘다. → 지나는 눈이 동그랗고 머리는 단발머리다. 항상 웃는 얼굴을 하고 있어서 예쁘다.

· 우리는 산에 놀러 갔다. → _____

· 방이 지저분하다. → _____

어떤 내용을 일기로 써 볼까?

무슨 일이 있었니?

어떤 부분을 더 묘사해 보면 좋을까?

✖ 나만의 일기를 써 보자.

고민 33 | 자세한 표현 |

체험 학습 다녀와서 일기를 쓰려고 하면, 기억이 안 나요!

체험 학습을 박물관으로 다녀왔어요. 엄마, 아빠랑 엄청 재미있게 봤는데, 막상 일기를 쓰려니 하나도 생각이 안 나요. 너무 아쉬워요.

사실 기억이 잘 날 때보다 잘 안 날 때가 더 많긴 하지. 일기 먼저 보자.

▶고민 일기◀

*년 *월 *일 날씨 시원함

토요일 아침.
"오늘은 박물관에 가자." 엄마의 말씀에 나는 좋다고 했다.
엄마와 아빠, 나는 지하철을 타고 이촌역에 있는
국립 박물관에 갔다. 회색 건물이 멋있었다.
돌아다니면서 오래된 물건들을 보았다.
옛날 느낌이 났다.

재미있는 하루를 보냈구나. '오래된 물건들을 보았다.'라고 했는데, 박물관에는 그보다 자세히 설명이 되어 있었을 것 같아. 어떤 것을 보고 어떤 생각을 했는지 기억을 되살려 써야 할 것 같구나. 앞으로는 미리 <u>사진을 찍거나 메모를 남겨 두기</u>를 추천해.

★ 서윤쌤의 처방 쏙! ★★

*년 *월 *일 날씨 시원함

<u>해님이 방긋 웃는</u> 토요일 아침.
└─ 의인법

"<u>오늘은 국립 박물관에 가자.</u>" 엄마의 말씀에 나는 좋다고 했다. 엄마와 아빠, 나는 지하철을 타고
└─ 대화문

이촌역에 있는 국립 박물관에 갔다. 회색 건물이 멋있었다. <u>시대별로 전시가 되어 있었는데 석기 시대가

재미있었다. 구석기에는 뗀석기를 사용했는데, 돌멩이를 깨서 날카롭게 만들어 사냥 도구로 사용했다고

한다. 신석기 시대에는 좀 더 다듬어진 매끈한 간석기를 사용했고, 농사도 지었다고 한다. 옛날엔

돌멩이가 참 소중했던 것 같다.</u> 오래된 물건들을 보니 <u>마치 타임머신을 타고 옛날로 돌아간 것 같았다.</u>
└─ 직유법

 갑자기 석기 시대가 흥미로워지는데!

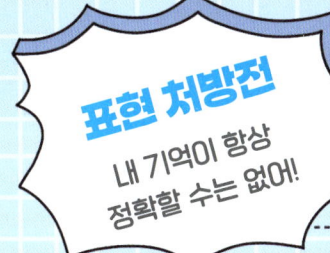

표현 처방전
내 기억이 항상 정확할 수는 없어!

사진을 찍거나 메모하며 체험을 해 봐!

○ 표현 연습 : 메모하는 연습하기

· 체험 날짜 : _____

· 체험 장소 : _____

· 체험하며 새로 알게 된 것 (보거나 들은 것): _____

· 체험하며 느낀 것 : _____

✖ 메모한 내용을 바탕으로 나만의 일기를 써 보자.

고민 34 | 깔끔한 표현 |

제 일기는 이해가 안 된다는데 어쩌면 좋죠?

저는 나름대로 열심히 쓴다고 썼는데, 아빠나 선생님이 이해가 안 된대요. 육하원칙에도 맞춰 보고, 묘사도 많이 해 보고, 메모했던 것도 쓰고 했는데, 도대체 왜 이해가 잘 안 된다고 하는 거지요?

열심히 썼는데 속상했겠네.

▶고민 일기◀

*년 *월 *일 날씨 안개

저녁에 숙제를 다 하고 텔레비전을 켰는데 내가 좋아하는 동물농장을 하고 있었고 거기에 주인을 그리워하는 개가 나왔는데 개를 키운 주인이 죽어서 개도 그 이후로 음식을 먹지 않는다고 했다. 개도 사람 같은 게 신기했다.

하하. 숨 쉴 틈이 없는 일기구나. 문장이 끊어지지 않고 계속 이어지면, 이해하기 어렵지. 지금 필요한 건 바로 문장 짧게 쓰고 연결하기인 것 같네. 의미별로 문장을 나눠 쓰고, 이어 주는 말을 넣어 주면 좋을 것 같은데!

아하! 어쩐지 읽으면서 숨쉬기가 힘들다 했어요. 나눠서 다시 써 볼게요.

★ 서윤쌤의 처방 쏙! ★★

*년 *월 *일 날씨 안개

저녁에 숙제를 다 하고 텔레비전을 켰다.
"오 예! 내가 좋아하는 동물농장이다." ← 대화문
오늘 나온 개는 주인을 무척 그리워했다.
왜냐하면 오랫동안 돌봐 준 주인이 죽었기 때문이다.
개도 사람처럼 슬퍼한다는 게 신기했다. 그래서 나도 개를 키우고 싶다는 생각이 들었다.

좋아. 한결 편안한 글이 되었지? 무조건 짧게만 쓰는 게 아니라 이해가 잘 되는 완성된 문장으로 쓰는 것을 잊지 마!

표현 처방전 그래서, 그리고, 왜냐하면!

문장을 짧게 쓰고 이어 주는 말을 사용해 봐!

○ 표현 연습 : 이어 주는 말 알기

· 그리고 : 떡을 먹었다. (그리고) 우유도 마셨다. – 비슷한 내용

· 그러나 | 그런데 | 하지만 : 생쥐는 몸이 작다. (그러나) 엄청 많이 먹는다. – 반대되는 내용

· 왜냐하면 : 영아는 선생님께 혼났다. (왜냐하면) 수업 시간에 떠들었기 때문이다. – 원인과 결과

· 예를 들면 : 초등학생이 할 수 있는 운동이 많다. (예를 들면) 수영, 자전거 타기, 줄넘기가 있다. – 예시

어떤 내용을 일기로 써 볼까?

무슨 일이 있었니?

어떤 이어 주는 말을 활용하면 좋을까?

✘ 나만의 일기를 써 보자.

81

고민 35 | 깔끔한 표현 |

마침표를 꼭 찍어야 하나요?

왜 자꾸 마침표를 찍으라고 하는 건지 모르겠어요. 마침표, 느낌표, 물음표, 제가 쓰고 싶을 때만 쓰면 되는 거 아닐까요? 근데 제 일기가 좀 이상해요.

> 정말 그럴까? 일기를 보자.

▶ 고민 일기 ◀

*년 *월 *일 날씨 바람

나는 종이접기를 좋아한다. 색종이를 몇 번 접어 변신이 되니 너무 신기하고 뿌듯했다.
오늘은 친구 솔이랑 종이접기를 같이 했다.
너 뭐 접은 거야
게코 도마뱀이야 접는 거 되게 어려워
진짜 멋있다
솔이는 내가 접은 게코 도마뱀을 무척 좋아했다. 다음에 또 같이 종이접기 하고 싶다.

> 솔이가 먼저 말한 거니? 물음표가 빠져서 질문인지 바로 알기 어렵네. 큰따옴표도 빠져서 대화문인지도 알 수가 없고 말이야. 지금 필요한 건 <u>문장 부호 쓰기</u>. 문장 부호가 없다면 문장을 아무리 잘 써도 질문하는 건지, 감탄하는 건지 알기 어려워.

> 문장 부호로 말하는 의미와 감정도 알 수 있어요?

★ 서윤쌤의 처방 쏙! ★★

*년 *월 *일 날씨 바람

나는 종이접기를 좋아한다. 네모났던 색종이가 몇 번 접고 나서 멋지게 변신하는 걸 보니 참 신기하고 뿌듯하다. 오늘은 친구 솔이랑 종이접기를 같이 했다. 솔이가 물었다.

"너 뭐 접은 거야?"

"게코 도마뱀이야. 접는 거 되게 어려워."

"진짜 멋있다!"

솔이는 내가 접은 게코 도마뱀을 무척 좋아했다. 다음에 또 같이 종이접기 하고 싶다.

> 대화문이 한결 생생하게 살아난 느낌이야.

표현 처방전 질문이야? 느낌이야?

뜻을 잘 알 수 있게 문장 부호를 써야 해!

○ 표현 연습 : 문장 부호의 쓰임을 알고 알맞은 것 쓰기

문장 부호	이름	쓰임	문장 부호	이름	쓰임
.	마침표	문장을 마칠 때 써요.	" "	큰따옴표	대화하는 문장에서 앞뒤로 써요.
,	쉼표	단어를 늘어놓거나 누구를 부르는 말 뒤에 써요.	' '	작은따옴표	생각하는 문장에서 앞뒤로 써요.
?	물음표	물어보는 말 뒤에 써요.	……	말줄임표	말이 없음을 나타내거나 문장을 줄일 때 써요.
!	느낌표	느낌을 드러내거나 놀라움을 나타내는 말 뒤에 써요.			

· 나는 사과☐ 바나나☐ 딸기를☐ 먹었다☐

· 너는 이름이 뭐니☐

· 바다가 정말 푸르구나☐

· 나라면 안 그랬을텐데☐☐

· 나는 속으로 생각했다☐☐ 저 애는 처음 보는 애인데 누구지☐☐

✖ 문장 부호를 넣어서 나만의 일기를 써 보자.

고민 36 | 마무리하기 |

저는 마무리가 어려워요. 어떻게 끝내야 할까요?

편지처럼 인사를 할 수도 없고, 일기는 어떻게 끝내야 할지 잘 모르겠더라고요.
이미 쓰고 싶은 말은 다 써서 더 쓸 말도 없는데 말이에요.

맞아! 가끔 그런 고민이 들 때가 있어.

▶고민 일기◀

*년 *월 *일 날씨 맑음

글램핑을 갔다. 우리 가족은 텐트도 없고 캠핑 장비가 없어서 글램핑을 한다. 글램핑장에는 텐트가 있고, 그 안에 침대도 있고, 텔레비전 에어컨까지 다 있다고 했다. 출발 전에 장을 봤다. 고기와 같이 먹을 마시멜로, 고구마, 옥수수, 과자까지 사서 트렁크에 넣었다. 글램핑장에 도착하자마자 트램펄린도 뛰고 공놀이도 했다. 고기도 구워 먹고 불멍도 하고 재미있었다.

지금도 괜찮지만 좀 더 괜찮은 마무리를 하고 싶다면 종합 감상 쓰기를 해 보면 어떨까? 음식이나 장소 등 낱낱의 것에 대한 감상도 좋지만, 그날 하루 전체에 대한 감상을 적어 보는 거지.

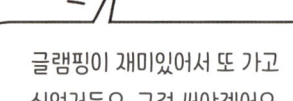

글램핑이 재미있어서 또 가고 싶었거든요. 그걸 써야겠어요.

★ 서윤쌤의 처방 쏙! ★★

*년 *월 *일 날씨 맑음

글램핑을 갔다. 우리 가족은 텐트도 없고 캠핑 장비가 없어서 글램핑을 한다. 글램핑장에는 크고 튼튼한 텐트가 있고, 그 안에 침대도 있고, 텔레비전 에어컨까지 다 있다고 했다. 출발 전에 장을 봤다. <u>"엄마, 마시멜로도 사요!"</u> 고기와 같이 먹을 마시멜로, 고구마, 옥수수 그리고 과자까지 잔뜩 사서 트렁크에
→ 대화문
넣었다. 글램핑장에 도착하자마자 트램펄린도 뛰고 공놀이도 했다. 고기도 배부르게 구워 먹고 불멍도 했다. 같은 놀이도 캠핑장에서 하니 더 재미있었고, 고기도 너무 맛있어서 또 오고 싶었다. 새롭고 즐거운 하루였다.

 일기를 보니 선생님도 글램핑 하고 싶네.

표현 처방전

하루에 대한 전체적인 느낌 생각해 보기

오늘의 종합 감상으로 마무리해 봐!

표현 연습 : 종합 감상 쓰기

· 오늘 하루는 머리부터 발끝까지 시원해지는 기분이다.

· 오늘을 색으로 표현하자면 ______________ 색이다. 왜냐하면 ______________ 던 하루였기 때문이다.

· 오늘은 ______________ 을 느꼈다.

어떤 내용을 일기로 써 볼까?

무슨 일이 있었니?

마지막에 어떤 종합 감상을 써넣으면 좋을까?

나만의 일기를 써 보자.

 **고민 37** |마무리하기|

일기를 마치면서 쓰면 좋을 말이 있을까요?

오늘 단원 평가를 망쳐서 기분이 안 좋아요. 기분이 안 좋으니 감정으로 끝내기도 어려워요. 어떻게 글을 마쳐야 할지 모르겠어요.

어떻게 썼을지 궁금한데?

 ▶고민 일기◀

*년 *월 *일 날씨 흐림

선생님께서 오늘 영어 단원 평가를 본다고 하셨다.

아뿔싸. 어제 복습을 한다는 게 까먹어 버렸다.

공부를 하나도 못 하고 단원 평가를 봤는데, 결과는 처참했다.

지금까지 본 단원 평가 중 최악으로 못 봤다.

모르는 문제가 너무 많았다.

속상한 마음은 어느 정도 전달이 되는 것 같은데, 좀 다른 마무리를 원하는 거니? 그렇다면 이건 어떨까? **배움과 다짐을 쓰기**. 오늘 배운 것, 새로운 계획이나 결심을 잘 적어 두었다가 나중에 다시 보면 도움이 될 거야.

집에 가서 게임부터 하지 말고 꼭 해야 할 것부터 챙겨야겠다고 생각했어요.

★  ★★

*년 *월 *일 날씨 흐림

"오늘 영어 단원 평가라고 했지요?" 선생님께서 말씀하셨다.
→ 대화문

아뿔싸. 어제 복습을 한다는 게 정말 <u>까맣게 잊어버렸다</u>. 공부를 하나도 못 하고 단원 평가를
→ 관용 표현

봤는데, 결과는 처참했다. 지금까지 본 단원 평가 중 최악으로 못 봤다. 모르는 문제가 너무 많았다.

다음부터는 선생님 말씀을 잊지 않도록 꼭 적어 두어야겠다. 그리고 미리 공부해서 꼭 좋은 점수를 받고 싶다!

 꼭 필요한 깨달음을 얻었네.
이번 결과는 아쉽지만, 다음에는 잘할 수 있을 거야.

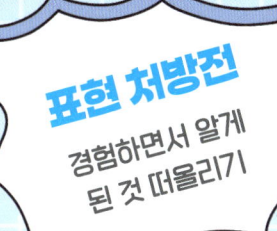

표현 처방전 경험하면서 알게 된 것 떠올리기

오늘의 배움과 앞으로의 다짐으로 마무리해 봐!

◉ 표현 연습 : 배움과 다짐 쓰기

· 앞으로는 숙제 먼저 하고 놀아야겠다.

· 오늘은 _____ 에 대해 배웠다.

· 다음에는 _____ 하고 싶다.

어떤 내용을 일기로 써 볼까?

오늘 무슨 일이 있었니?

어떤 걸 배웠니? 무슨 다짐을 하면 좋을까?

✘ 나만의 일기를 써 보자.

고민 38 | 날씨 |

맑음, 흐림 말고 다르게 쓰는 법은 없나요?

저는 맑은 날도, 비 오는 날도 좋아해요. 날씨에 따라 기분도 먹고 싶은 것도 달라지거든요.
그래서 일기에 쓰는 날씨를 매일 똑같이 쓰기가 좀 아쉬워요.
날씨도 멋지게 쓰는 방법이 있을까요?

> 좋은 생각이야. 날씨도 재밌게 쓰면 일기 쓸 맛이 나겠지?

> 정말 기분이 좋았겠는데! 그렇다면 꾸며 주는 말 넣어 날씨 쓰기 어때? '해님이 방긋 웃는 날', '눈이 나를 반겨 준 날'처럼 날씨를 의인화하는 것도 좋고, '내 기분처럼 우르릉 쾅쾅 천둥 번개가 친 날'처럼 기분을 표현하는 것도 재미있지.

▶ 고민 일기 ◀

*년 *월 *일 날씨 눈

오늘은 가족 모두 아울렛에 가기로 했다.
옷걸이에 걸린 검정 패딩이 내 눈에 쏙 들어왔다.
나는 냉큼 그 옷을 골랐다. 하지만 엄마는 패딩이 있는데
또 사냐며 안 된다고 했다. 나는 집에 있는건 짧아서
다르다고 했다. 엄마는 잠깐 생각하시더니 사는 걸
허락해 주셨다. 기분이 좋았다.

> 오, 정말 재미있는 생각이 떠올랐어요!

★ 서윤쌤의 처방 쏙! ★★

*년 *월 *일 날씨 <u>눈이 땅으로 놀러 왔지만, 방패 덕분에 안 추웠음.</u>

<u>엄마와 나는 쇼핑을 좋아한다.</u> 오늘은 가족 모두 아울렛에 가기로 했다. 옷걸이에 걸린 검정 패딩이
└→ 인물 소개

내 눈에 쏙 들어왔다. 나는 냉큼 그 옷을 골랐다. 하지만 엄마는 패딩이 있는데 또 사냐며 안 된다고 했다.

<u>"엄마, 집에 있는 건 짧은 거고, 이건 긴 거예요."</u> 엄마는 잠깐 생각하시더니 사는 걸 허락해 주셨다.
└→ 대화문

패딩이 따뜻해서 추운 겨울바람을 막아 줄 <u>방패 같다</u>. 오늘 내 <u>기분은 따뜻한 노란색이다</u>.
└→ 직유법   └→ 은유법

날씨를 정말 시적으로 표현했구나!

표현 처방전 색다르게 날씨 표현하기

꾸며 주는 말을 넣어서 날씨를 써 봐!

○ 표현 연습 : 날씨를 재미있게 표현하기

· 맑음 : 태양이 방긋 웃는 날   · 비 : _____

· 흐림 : _____   · 눈 : _____

· 바람 : _____

어떤 내용을 일기로 써 볼까?

오늘 날씨는 어땠니?

오늘의 날씨를 어떻게 재미있게 써 볼까?

✖ 나만의 일기를 써 보자.

고민 39 | 제목 |

다시 읽고 싶은 일기가 있는데, 못 찾겠어요!

독서감상문 숙제로 읽은 책 제목이 기억이 안 나요.
일기에 적어 둔 것 같아 찾아봤는데, 어느 일기인지 못 찾겠어요.

뭔가 표시가 필요하겠구나!

▶ 고민 일기 ◀

*년 *월 *일 날씨 맑음

선생님께서 독서감상문을 숙제로 내 주셨다.
어떤 책을 고를지 고민하다가 쉬운 그림책으로 골랐다.
엄마는 그림책 말고 다른 책으로 쓰라고 하셨다.
그래서 다시 글이 많은 책을 골랐다.
제목은 《수상한 미래에 접속하였습니다》였다.
오늘은 책을 골랐으니 내일부터는 열심히 읽고
독서감상문을 써야겠다.

두꺼운 책에서 읽고 싶은 곳을 고를 때, 차례 제목을 보잖아. 일기도 마찬가지야. 일기마다 제목 달아 주기 방법을 쓴다면, 나중에 훨씬 쉽게 찾을 수 있을 거야. 제목을 달면 찾아보기도 쉽지만 더 흥미로워 보이지 않을까?

제목 달기라니 정말 좋은데요! 오늘 일기 제목이 떠올랐어요!

★ 서윤쌤의 처방 쏙! ★★

*년 *월 *일 날씨 햇님이 쨍쨍 웃은 날

제목 : 숙제할 책과의 만남

선생님께서 독서감상문을 숙제로 내 주셨다. 나는 독서감상문 쓰는 게 정말 괴롭다. 어떤 책을 고를지 고민하다가 최대한 짧고 쉬운 그림책으로 골랐다. <u>"네가 나이가 몇인데 그림책으로 독서감상문을 쓰니?"</u>
 ← 대화문

엄마 잔소리에 하는 수 없이 글이 많은 책으로 다시 골랐다. 제목은 《수상한 미래에 접속하였습니다》였다. 오늘은 책을 골랐으니 내일부터는 열심히 읽고 독서감상문을 써야겠다.

 뭔가 운명적인 느낌의 제목이다. 독서감상문 기대할게.

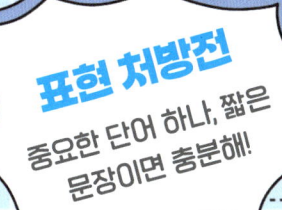

표현 처방전
중요한 단어 하나, 짧은 문장이면 충분해!

오늘 가장 중요했던 내용으로 제목을 달아 봐!

○ 표현 연습 : 여러 가지 일기 제목 생각하기

· 단어로 쓰기 : 예)치킨 외식 _____

· 어구로 쓰기 : 예)치킨을 시켜 먹은 날 _____

· 짧은 문장으로 쓰기 : 예)나의 최애 치킨을 시켜 먹다. _____

어떤 내용을 일기로 써 볼까?

무슨 일이 있었니?

제목을 생각해 봐. 단어로 쓸까? 어구로 쓸까? 아니면 문장으로?

✖ 나만의 일기를 써 보자.

고민 40 |고쳐 쓰기|

우아! 드디어 일기 다 썼어요! 이제 끝난 거죠?

선생님, 드디어 일기를 다 썼어요. 너무 기뻐요. 헤헤.
배운 대로 열심히 썼으니 완벽해요.

글쎄 아직 할 일이 남은 것 같은데? 일기를 볼까?

▶ 고민 일기 ◀

*년 *월 *일 제목 : 훌라후프 빙글빙글

아침부터 기분이 좋았다. 체육 시간이 있는 날이기 때문이다. 운동장에 나가서 뛰는 것도 좋고, 강당에서 여러가지 게임을 하는 것도 너무 재미있다. 오늘은 훌라후프를 했다. "먼저 연습 시간을 갖고, 모여서 시합을 할 거에요." 선생님께서 말했다. 우리는 말씀이 떨어지기 무섭게 흩어져 연습했다. 두구두구두구! 오늘의 훌라후프 왕은! 바로 우리 반 체육부장 이현진이 되었다. 나는 아쉽게도 2등. 그래도 무척 재미있는 시간이었다.

더 완벽하게 일기를 쓰고 싶다면 교정 부호를 이용해 고쳐 쓰기를 해 봐. 교정 부호를 이용해서 잘못되거나 어색한 부분을 찾아내는 거지. 쓴 글은 항상 한 번 더 읽고 확인해 보는 게 좋아!

앗! 선생님께서 하시던 것을 제가요? 어, 그러고 보니 고칠 게 있네요.

★ 서윤쌤의 처방 쏙! ★★

*년 *월 *일 제목 : 훌라후프 빙글빙글

아침부터 기분이 좋았다. 체육 시간이 있는 날이기 때문이다. 운동장에 나가서 뛰는 것도 좋고, 강당에서 여러가지 게임을 하는 것도 너무 재미있다. 오늘은 훌라후프를 했다.
"먼저 연습 시간을 갖고, 모여서 시합을 할 거에요." 선생님께서 말했다. 우리는 말씀이 떨어지기
　　　　　　　　　　　　　　　　예　　　　　　　　　　말씀하셨다.
무섭게 흩어져 연습했다. 두구두구두구! 오늘의 훌라후프 왕은! 바로 우리 반 체육부장 이현진이 되었다. 나는 아쉽게도 2등. 그래도 무척 재미있는 시간이었다.

 이제 진짜 완벽한 일기가 되었네!

교정 부호를 이용해 고쳐 써 봐!

○ 표현 연습 : 교정 부호 이해하기

교정 부호	의미	교정 전 문장	교정 후 문장
∨	띄어라.	우리나라 좋은나라	
⌐	한 줄 내려라.	동생은 밖을 보고 외쳤다. "누나, 비 온다."	
⌒	붙여라.	아름 다운 자연을 보호하자.	
↶	한 줄 올려라.	나는 영웅들의 이야기를 좋아한다. 그래서 《홍길동전》을 읽었다.	
⊘	빼라.	학급 게시판 누리집에 올려 보자.	
∽	순서를 바꿔라.	토끼가 달린다 깡충깡충	
—	단어를 바꿔라.	진지를 아버지께서 밥을 잡수신다.	
∨	추가해서 넣어라.	가족은 우리 설악산에 가기로 했다.	

✖ 나만의 일기를 써 보자. 다 쓴 다음, 교정할 부분이 없는지 살펴보자.

앞에서 일기 쓰기의 기본기를 갈고닦았다면,
이젠 일기에 날개를 달 차례야. 날개가 뭐냐고?
'옷이 날개다.'라는 말이 있어. 나에게 잘 어울리는 옷을 제대로
갖춰 입으면 내 모습이 더 멋져 보인다는 뜻이지.
그럼 일기에 날개를 어떻게 달까? 간단해! 관찰 기록이나 기사,
SNS 등 여러 **'형식'**을 가져다가 일기에 옷을 입혀 보는 거야.
그럼 같은 내용이라도 일기가 훨씬 흥미진진하고 재미있어질걸?
자, 그럼 나간다! 서윤쌤의 비법 처방!

서윤쌤의 비법 처방

고민 41

그림일기는 유치원생이나 1학년만 쓸 수 있어요?

저는 그림 그리는 걸 정말 좋아해요. 그림을 그릴 때는 생각도 잘 나고요.
그런데 글씨만 많이 쓰는 일기는 재미가 별로 없어요. 일기에 그림 그려도 되나요?

> 오, 그렇게 훌륭한 재능이 있다면 써먹어야지.

> 날이 개었다니 정말 다행이다. 하지만 흐렸어도 멋진 그림을 그렸을 것 같아! 상황과 어우러지게 그림일기 쓰기를 하면 좋을 것 같은 내용이네. 인상적이었던 장면을 그리거나, 기억나는 어떤 물건이나 동식물을 그리는 것도 재미있을 거야.

▶고민 일기◀

*년 *월 *일 날씨 흐림

하늘이 어둡고 구름이 가득하다.
그림 대회 날이었는데, 멋진 풍경을 담을 수 없을 것 같아 조금 슬펐다. 그래도 가서 그리고 오자는 엄마 말씀에 할 수 없이 도구를 챙겨 대회장으로 갔다. 그런데 구름 가득했던 하늘이 점점 옅어지더니 눈부신 햇빛이 와르르 쏟아졌다. 그리고 싶었던 멋진 그림을 그릴 수 있어서 기분이 무척 좋았다.

> 먹구름 가득했던 하늘이 개면서 햇빛이 쏟아지던 순간을 그리고 싶어요.

★ 서윤쌤의 처방 쏙! ★

*년 *월 *일 날씨 구름 가족이 나들이 온 날

하늘이 어둡고 구름이 가득하다. <u>하늘이 곧 울 것만 같았다.</u> 그림
→ 직유법

대회 날이었는데, 멋진 풍경을 담을 수 없을 것 같아 조금 슬펐다.
<u>"그래도 나가기로 한 거니까, 가서 그리고 오자."</u> 엄마 말씀에 할 수
→ 대화문

없이 도구를 챙겨 대회장으로 갔다. 그런데 구름 가득했던 하늘이
점점 옅어지더니 <u>눈부신 햇빛이 유리구슬처럼 와르르 쏟아졌다.</u>
→ 직유법

그리고 싶었던 멋진 그림을 그릴 수 있어서 기분이 무척 좋았다.

 그림과 어우러지니 정말 멋진 일기가 되었네.

형식 처방전
상황과 어우러지는 그림 그리기

누구나 그림일기를 써도 괜찮아.
중요한 장면을 그림으로 그려 봐!

○ 그림일기 쓰는 법(그림이나 글 중 어떤 것을 먼저 해도 상관 없음)
① 어떤 장면을 그림으로 그릴지 정한다.
② 중요하거나 인상 깊은 장면을 그림으로 그린다.
③ 글을 쓴다.

오늘 기억나는 사건을 떠올려 봐.

어떤 내용을 그림으로 그릴 거니?

글은 무슨 내용을 쓸 거야?

✖ 그림일기를 써 보자.

고민 42

만화 일기를 써도 되나요?

저는 만화 그리는 걸 엄청 좋아하거든요. 네모 칸에 그림 넣는 것도 재미있고요, 대사도 재미있게 쓸 수 있어서 좋아요. 일기를 만화로 그려도 될까요?

일기에 정해진 형식은 없어!

▶ 고민 일기 ◀

*년 *월 *일 날씨 맑음

학교 끝나고 윤우랑 아이스크림을 먹으며 집에 왔다. 거미 이야기를 하며 걷고 있었는데, 뭔가 다리가 간지러운 느낌이었다. "어? 다리가 왜 이렇게 간지럽지?" 윤우랑 나는 허리를 굽혀 다리를 살펴봤다. 그런데 새까만 거미가 내 무릎으로 기어 올라오고 있었다. "으악!" 윤우랑 나는 너무 놀라서 아이스크림을 땅바닥에 떨어뜨리고 말았다. 아까운 아이스크림! 평소라면 거미를 보고 좋아했을 텐데, 갑자기 만나니까 너무 놀랐다.

하하하. 정말 재미있는 일이 있었구나. 만화 그리는 걸 좋아한다면 일기를 컷 만화로 나누기가 아주 쉽겠지? 중요한 내용은 대사로도 집어넣을 수 있고, 상황을 재미나게 표현할 수 있어서 좋은 방법이기도 해. 컷 만화와 일기를 함께 쓰는 것도 재미있을 거야.

오! 컷 만화로 나누는 건 제 전문이죠!

★ 서윤쌤의 처방 쏙! ★★

거미를 보고 당황했던 느낌이 바로 전달되는 것 같아. 하하! 거미도 놀란 것 같은데?

형식 처방전
그림과 대사로 표현해 보기

두 컷, 네 컷 만화 일기를 써 봐!

○ **컷 만화 일기 쓰는 법**
① 일기 내용을 생각해 본다.
② 그중에서 어떤 내용을 만화로 그릴지 정한다.
③ 두 컷 혹은 네 컷 등으로 내용을 나눈다.
④ 만화를 그리고, 일기를 쓴다.

오늘 기억나는 사건을 떠올려 봐.

어떤 내용을 만화로 표현할 거니?

그 장면을 두 컷 혹은 네 컷으로 나눌 수 있을까?

✘ 네 컷 만화 일기를 써 보자.

고민 43

친구한테 사과하고 싶은데 일기에 적어도 될까요?

오늘은 친구랑 다퉜어요. 사실 친구가 크게 잘못한 게 아닌데, 제가 너무 심하게 화를 냈어요. 속상해서 일기에 쓰긴 했는데, 마음이 답답해요.

> 친구에게 사과하고 싶은 거구나!

▶ 고민 일기 ◀

*년 *월 *일 날씨 맑음

"야 이규리! 너 때문이야." "내가 일부러 진 것도 아니잖아!"
영어 시간에 모둠 게임을 하는데 우리 모둠이 졌다. 규리가 연속으로 지는 바람에 우리 모둠이 져 버려서 너무 속상했다. 그래서 규리에게 소리치고 말았다.
순간적으로 화를 막 냈는데, 지금 생각해 보니 규리에게 미안하다. 규리도 최선을 다했는데….
규리야, 미안해. 내일 가서 사과할까?

> 내가 누군가에게 잘못하거나 심하게 굴었을 때는 사과가 꼭 필요하지. 규리도 속상했겠네. 이럴 땐 사과 편지 쓰기 어떠니? 친구에게 전할 사과의 마음을 편지 형식으로 쓰는 거지. 그대로 편지지에 옮겨 써서 친구에게 직접 전달하면 더 좋겠지?

> 일기를 편지 형식으로 쓴다고요? 사과할 말을 연습할 수도 있겠네요!

★ 서윤쌤의 처방 쏙! ★★

규리에게

규리야, 안녕!

오늘 영어 시간에 내가 너 때문에 졌다고 화냈던 거 사과하고 싶어. 네가 일부러 진 것도 아닌데, 내가 화를 내서 더 속상했을 것 같아. 내가 이기고 싶었던 마음이 너무 컸던 것 같아. 오늘 일은 내가 정말 미안해. 내 사과를 받아 주겠니? 다시 사이좋게 지내자. 미안해, 규리야.

*년 *월 *일 미안한 마음 가득한 친구가

 규리의 마음이 사르르 녹겠는걸!

형식 처방전
좋은 말, 사과의 말은 직접 전하기

편지 일기를 쓰면 마음속 얘기가 더 편하게 써질 거야!

○ 편지 형식 일기 쓰는 법
① '**에게'라고 받는 사람을 쓴다.
② 전달할 말을 본문에 쓴다.
③ 끝으로 '날짜'와 '보낸 사람'을 쓴다.

오늘 기억나는 사건을 떠올려 봐.

누구에게 편지를 쓰고 싶니?

하고 싶은 말이 뭐야?

✖ 편지 일기를 써 보자.

_____ 에게

_____ 년 ___ 월 ___ 일 _____ 가

짧고 간단하게 쓰는 일기는 없어요?

오늘 학교 도서관 행사가 있었거든요. 삼행시를 지어서 가져가니까 포춘 쿠키를 하나씩 주셨어요. 너무너무 재미있었어요. 일기도 삼행시처럼 짧게 써도 될까요?

벌써 좋은 방법을 알고 있는 것 같은데?

▶ 고민 일기 ◀

*년 *월 *일 날씨 맑음

도서관 행사 날이었다. 선생님 성함으로 삼행시를 지어 오면 포춘 쿠키를 주신다고 했다.

황 – 황금처럼 반짝반짝 빛나는

인 – 인자하신 우리 선생님.

숙 – 숙제도 많이 안 내 주셔서 짱 좋아요!

선생님께서 하하하 웃으시더니 포춘 쿠키를 주셨다. 깨뜨리면 어떤 내용이 나올까, 두근거리며 바삭 깨뜨렸는데, 예쁜 말이 쓰여 있었다. '반짝이는 오늘 하루.' 오늘은 종일 기분이 좋았다.

정말 재미있는 삼행시구나. 가끔은 색다르게 동시로 일기 쓰기를 할 수도 있어. 오늘의 일기를 동시로 쓰는 거지. 흥미로운 일이 있었으니 동시 쓰는 방법에 맞추어 동시로 완성하면 되겠는데?

동시 쓰기도 도전해 볼래요!

★ 서윤쌤의 처방 쏙! ★★

*년 *월 *일 날씨 맑음 제목 : 포춘 쿠키 속 포춘

1연) 다다다 달려간다.
　　도서관 행사

2연) 매끈매끈 쿠키
　　한 개가 내 손에

3연) 두근두근!

4연) 쿠키를 바삭 깨뜨리니
　　반짝반짝 빛나는 하루가 들어 있네.

 우아, 시인이 바로 여기 있었네.

형식 처방전
노래하듯 짧고 간결하게

리듬감이 느껴지는 동시 일기를 써 봐!

○ 동시 일기 쓰는 법
- 노래하듯이 짧게 쓴다. 단어를 반복해도 좋다.
- 연(한 줄 띄움)과 행(줄 바꿈)으로 나누어 쓴다.
- 의성어, 의태어를 활용거나 끝나는 말을 비슷하게 만들어 본다.

어떤 내용을 일기로 써 볼까?

무슨 일이 있었니?

동시로 어떤 표현을 써 보면 좋을까?

✖ 동시 일기를 써 보자.

제목 :

1연) _____   3연) _____

2연) _____   4연) _____

103

고민 45

꼭 저의 일기를 써야 해요?

저 말고 지우개가 일기를 써도 되나요? 제가 쓴 일기지만, 다시 읽어 볼 때 재미있었으면 좋겠어요. 마치 동화책을 읽는 것처럼 말이에요.

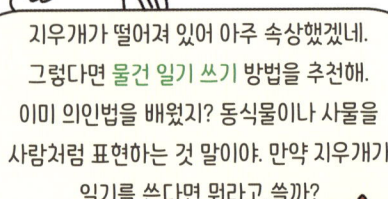

지우개의 일기라…. 그렇다면 소개해 줄 방법이 있어.

▶ 고민 일기 ◀

*년 *월 *일 날씨 흐리다 갬

지아는 나와 제일 친한 친구지만, 무지 덜렁대서 나를 화나게 할 때가 있다. "이 지우개 정말 예쁘다. 나 좀 빌려주면 안 돼?" 지아는 어떻게 알았는지 나의 새 아이스크림 지우개를 빌려 달라고 했다. 빌려주긴 싫었지만 속 좁은 사람처럼 보일까 봐 그냥 빌려주었다. 그런데 지아는 지우개 돌려줄 생각을 안 했다. "지아야, 내 지우개는 언제 돌려줄 거야?" "아, 맞다! 어? 어디 갔지?" 지아는 지우개가 사라졌다고 아무렇지도 않게 말했다. 지우개는 옆자리 쪽에 굴러떨어져 있었다. 때가 잔뜩 묻은 채로…. 진짜 앞으로 다시는 지아에게 물건을 빌려주지 말아야겠다.

지우개가 떨어져 있어 아주 속상했겠네. 그렇다면 물건 일기 쓰기 방법을 추천해. 이미 의인법을 배웠지? 동식물이나 사물을 사람처럼 표현하는 것 말이야. 만약 지우개가 일기를 쓴다면 뭐라고 쓸까?

무지 속상했겠죠. 엄청 지저분해진 데다가 집에도 못 갈 뻔했으니까요.

★ 서윤쌤의 처방 쏙! ★★

*년 *월 *일 날씨 흐리다 갬

나는 아이스크림 지우개다. 나의 주인이 나를 너무 아껴 줘서 나는 참 행복하다.

그런데 오늘 엄청나게 큰 사건이 일어나고 말았다. 내 주인의 덜렁이 친구 지아가 나를 빌려

달라고 한 것이다. '안 돼. 난 네 곁을 떠나고 싶지 않아.' 내 주인은 내 마음을 아는지 모르는지

나를 지아에게 보내고 말았다. 결국, 나는 지아의 책상에서 굴러떨어져 먼지 구덩이에

빠지고 말았다. '나는 이대로 버려지는 걸까?'라고 생각하고 있을 때, 내 주인이 나를 찾아냈다.

휴, 정말 다행이다.

 지우개의 마음이 잘 드러난 재미있는 일기가 되었네.

형식 처방전
물건이나 동식물이 되어서 생각해 보기

동화처럼 재미있게 물건 입장에서 일기를 써 봐!

○ 물건 일기 쓰는 법
① 오늘 있었던 일 중에서 어떤 물건의 일기를 쓸 것인지 정한다.
② 그 물건이 되어 다시 나의 하루를 머릿속에 그려 본다.
③ 상상하며 일기를 쓴다.

오늘 기억나는 사건을 떠올려 봐.

어떤 것 입장에서 쓰고 싶니?

그 물건이나 동식물은 어떤 생각을 했을까?

✗ 물건 일기를 써 보자.

나는 _____ 이다.

고민 46

SNS 하는 것처럼 일기를 쓰는 방법은 없을까요?

저는 SNS를 좋아해요. 친구들과 소통하는 것도 재미있고, 새로운 정보도 많이 알 수 있거든요.
물론 정해진 시간에 어린이가 볼 수 있는 것만 봐요. 일기도 SNS 같으면 좋을 것 같아요.

규칙을 잘 지키고 있구나!

▶ 고민 일기 ◀

*년 *월 *일 날씨 맑음

오늘은 체육 하기 딱 좋은 날씨였다.
"이번 시간에는 발야구를 할 거예요."
발야구 규칙을 배우고 처음 해 보았는데, 정말 재미있었다.
친구가 공을 찰 때는 어디까지 날아가나 심장이 쫄깃해졌다.
공을 뻥 차고 달릴 때는 혹시라도 아웃될까 봐 두근두근했다.
다음 시간에도 발야구를 하면 좋겠다.

오늘은 SNS 일기 쓰기에 대해 알아볼까?
SNS에는 내용을 한눈에 전달할 수 있는 그림이나 사진을 넣고, 그에 맞는 짤막한 글을 쓰면 돼. 해시태그(#)까지 달아 주면 완벽한 SNS 일기가 되겠지?

SNS라면 자신 있지요. 일기 쓰기도 재미있어지겠네요!

★ 서윤쌤의 처방 쏙! ★★

★★ gram

오늘은 체육 하기 좋은 날. 발야구를 처음 해 본 날.
정말 재미있어서 다음에 또 하고 싶다.
#담임 선생님 최고 #체육 시간 약속 잘 지켜 주심
#친구가 공 차면 심장 쫄깃 #아웃될까 두근두근

위쪽에 사진을 붙이거나 그림을 그려 봐.

해시태그(#)는 뒤에 특정 단어를 클릭하면, 관련 글을 모아서 볼 수 있는 기능이야.

생생한 SNS 일기를 써 봐!

○ SNS 일기 쓰는 법
· 간단한 그림을 그린다.
· SNS에 글을 올리듯 적는다.
· 해시태그(#)를 단다.

오늘 기억나는 사건을 떠올려 봐.

어떤 장면을 SNS에 올릴 그림으로 그릴래?

어떤 해시태그(#)를 달면 좋을까?

✖ SNS 일기를 써 보자.

고민 47

간식은 떡볶이냐, 치킨이냐, 대체 어떤 걸 골라야 하지요?

선생님, 오늘은 일기보다 더 중요한 문제가 있어요. 떡볶이냐 치킨이냐, 오늘 반 친구들이 두 무리로 나뉘어 논쟁을 벌였는데, 아직도 결론을 못 내렸어요. 간식은 떡볶이일까요? 치킨일까요?

> 호호, 그건 마치 탕수육 찍먹, 부먹과 맞먹는 어려운 선택이구나!

▶ 고민 일기 ◀

*년 *월 *일 날씨 비

'간식은 떡볶이냐, 치킨이냐!' 누군가 점심시간에 칠판에 쓴 문제 덕분에 종일 교실이 들썩들썩했다. 역시 매콤하고 쫄깃한 떡볶이가 짱이라는 파와 바삭바삭 고소한 치킨을 감히 떡볶이가 어떻게 이기냐는 파가 팽팽하게 맞섰기 때문이다. 하, 나는 어느 쪽 편도 들 수 없었다. 어떻게 치킨과 떡볶이 둘 중 하나를 고를 수 있단 말인가. 떡볶이냐, 치킨이냐, 그것이 문제다.

> 고뇌가 느껴지네. 이럴 땐 바로 **공통점과 차이점 분석하기** 방법을 써 보는 거야. 벤다이어그램을 이용해서 공통점과 차이점을 정리하다 보면, 결정하는 데 도움을 받을 수도 있고, 새로운 형식의 일기도 덤으로 얻을 수 있겠지?

> 그거 정말 재미있겠는데요? 머리는 약간 아프겠지만요.

★ 서윤쌤의 처방 쏙! ★★

차이점

-떡볶이-
〈종류〉
매운 떡볶이, 간장 떡볶이, 짜장 떡볶이, 크림 떡볶이
〈재료〉
밀이나 쌀
〈같이 먹는 음식〉
순대나 튀김

공통점
· 둘 다 내가 좋아하는 음식
· 먹어도 먹어도 질리지 않음
· 한국인들이 좋아하는 음식
· 간식으로도 밥 대용으로도 먹을 수 있음

차이점

-치킨-
〈종류〉
간장 치킨, 후라이드 치킨, 양념 치킨, 파닭 치킨
〈재료〉
닭고기
〈같이 먹는 음식〉
치킨 무

*년 *월 *일 날씨 비

제목 : 간식은 떡볶이냐, 치킨이냐!

▶ 결론 : 그때그때 당기는 걸 먹는다!

> 아주 명쾌한 결론에 이르렀구나. 벤다이어그램을 정리하면 생각하는 힘도 길러지니까 정말 좋겠지?

공통점과 차이점 분석 일기를 써 봐!

○ 공통점과 차이점 분석 일기 쓰는 법
- 주변에서 비교할 것을 고른다. 음식, 물건, 동물, 놀이 등, 어떤 것이든 좋다.
- 비슷한 점(공통점)은 가운데에 적는다.
- 각각의 차이점은 양옆에 적는다.

비교할 것 두 가지를 찾아봐.

어떤 공통점이 있니?

어떤 차이점이 있니?

✖ 공통점과 차이점을 벤다이어그램에 채워 보자.

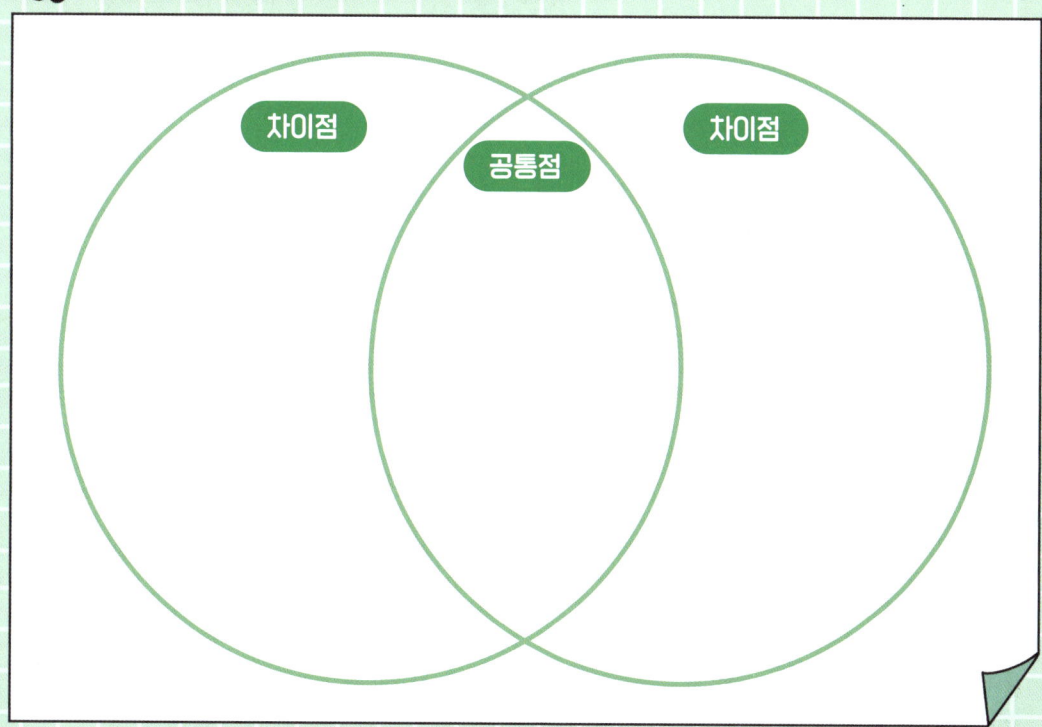

고민 48

기자가 되어 일기를 쓰고 싶어요.

저는 세계 여러 나라를 돌아다니며 소식을 전하는 기자가 되는 게 꿈이에요. 뉴스에서 소식을 전하는 모습이 정말 멋있게 보였거든요. 일기를 기사처럼 써도 될까요?

> 멋진 꿈을 가졌네!

▶고민 일기◀

*년 *월 *일 날씨 흐림

오늘은 생명 과학 수업이 있었다. 도마뱀 관찰 시간이어서 모두 즐거워했다.

관찰 후 모두 손을 씻는데, 도윤이가 승민이 손등을 할퀴었다.

승민이 손등에서 피가 났는데, 도윤이는 장난이라며 사과도 하지 않았다.

내 친구가 다쳐서 정말 속상했다.

> 저런 안 좋은 일이 있었구나. 오늘은 **기사 일기 쓰기** 방법으로 써도 재미있는 일기가 되겠어. 기사는 본래 공정하고 객관적으로 써야 하고, 확인된 내용을 정확하게 써야 하지. 자세하고 생생하게 쓴다면 더욱 흥미로워질 거고 말이야. 그럼 바꿔 써 볼까?

> 기자처럼 써 볼래요!

★ 서윤쌤의 처방 쏙! ★★

*년 *월 *일 날씨 흐림

오늘 오전 11시경, **초등학교 과학실에서 사건이 일어났습니다.

모두 즐겁게 관찰을 마치고 손을 씻던 중, 3학년 김*윤 학생은 3학년 박*민 학생의 손등을 할퀴어 상처를 입혔습니다. 김*윤 학생은 장난이라며 사과조차 하지 않고 넘어가서 상처를 입은 박*민 학생은 물론이고, 이를 지켜보던 김*송 학생까지 모두 기분이 상했다고 합니다. 친한 친구 사이라고 해도 지나친 장난은 즐거운 시간을 망칠 수 있습니다. 서로 예의를 지켜 즐거운 학교생활을 이어 가야겠습니다.

이상은 MSB뉴스 김*송 기자였습니다.

> 똑같은 내용인데도 더 흥미롭게 느껴지네. 기자가 꿈이라 더 술술 쓴 것 같아.

형식 처방전 핵심 사건 찾기

객관적인 사실로 공정하게 기사 일기를 써 봐!

○ **기사 일기 쓰는 법**
- 어느 한쪽으로 치우치지 않도록 공정하게 써야 한다.
- 함부로 추측하지 않고 사실로 확인된 내용만 쓴다.
- 내가 기자가 되었다고 생각하고 양쪽의 입장을 신중하게 생각하며 쓴다.

오늘 기억나는 사건을 떠올려 봐.

육하원칙에 따라 객관적인 사실들을 나열해 봐.

그 사건을 통해 어떤 생각이 들었니?

✖ 기사 일기를 써 보자.

이상은 ○○뉴스 _____ 기자였습니다.

읽은 책 내용으로 일기를 써도 될까요?

저는 책 읽는 걸 제일 좋아해요. 오늘도 종일 책만 읽었어요.
그래서 일기를 쓰려고 하면 책 읽은 것만 생각이 나거든요.

좋은 취미를 가졌구나.

▶ 고민 일기 ◀

*년 *월 *일 날씨 흐리고 비
종일 흐리고 비가 올 것 같은 날씨였다.
이런 날은 도서관에서 책을 읽는 게 정말 좋다.
뭔가 기분이 차분해진다.

책을 읽었다는 내용만 쓰기보다는 책 내용으로
일기를 쓴다면 좀 더 풍부한 일기를
쓸 수 있겠네! 책 내용으로 일기 쓰기를 해 보자.
중요한 건 책의 내용만 따라 쓰면 안 되고
내 느낌이나 생각을 써야 한다는 거지.

그건 어렵지 않을 것
같아요.
책을 읽으면서 많은
생각을 하니까요.

★ 서윤쌤의 처방 쏙! ★★

*년 *월 *일 날씨 흐리지만 차분해지는 날
오늘은 종일 흐렸다. 책 읽기 정말 좋은 날씨다. 가방과 우산을 챙겨서 도서관으로 갔다.
《인어공주》가 눈에 띄었다. 어렸을 때 이미 읽은 책이지만,
엄청나게 멋진 그림으로 새롭게 나온 책이라 다시 한번 읽어 보기로 했다.
인어공주는 왕자님을 보고 사랑에 빠져 목소리와 다리를 맞바꾸었다. 사랑을 얻지 못하면
물거품이 되어 버릴 텐데…. 인어공주의 용기가 대단하다고 생각했다.
결국, 마지막 기회를 놓치고 물방울로 변한 인어공주의 모습이 가장 슬프고도 인상적이었다.

《인어공주》를 다시 읽어 보고 싶게 하는 일기로구나.

형식 처방전
줄거리만 쓰면 안 돼!

느낀 점이 들어간 책 내용으로 일기를 써 봐!

◯ 책 읽고 일기 쓰는 법
- 책을 읽는다.
- 중요한 것이나 인상 깊은 것을 찾아보며 읽는다.
- 책의 내용과 느낀 점이 골고루 들어가게 쓴다.

오늘 어떤 책을 읽었니?

어떤 내용이니?

어떤 점을 느꼈는지 써 볼까?

❌ 책 내용으로 일기를 써 보자.

고민 50

앞으로 일어날 일을 일기로 쓸 수 있어요?

일기는 오늘 있었던 일을 쓰는 거잖아요.
오늘 있었던 일이 아닌데 일기로 써도 되나요?

일기 내용으로 꼭 정해진 건 없어.

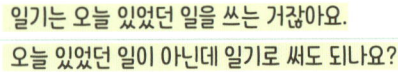

*년 *월 *일 날씨 맑음

제목 : 내 장래 희망.

나는 멋진 건축가가 되고 싶다. 원래 만들기를 좋아하는데 가우디라는 건축가에 대한 책을 읽고 건물을 만드는 것도 멋있겠다는 생각이 들었다.

우리나라에 필요한 건물이나 부모님 집, 내가 사는 집 모두 내가 직접 짓고 싶다.

일기는 내 생각을 담아 놓은 기록장이니까 내 생각이면 무엇이든 써도 되지. 미래에 일어날 일을 일기로 쓰기도 그중 하나겠지? 꿈에 대한 일기니까, 미래에 어떤 사람이 되어 있을지, 어떤 일을 해냈을지 생각하면서 쓰다 보면, 꿈이 더 가까워질지도 몰라.

일기를 써서 꿈을 이룰 수 있다면 얼마든지 쓸 수 있어요!

*년 *월 *일 날씨 맑음

제목 : 건축가의 하루.

나는 건축학과를 나와 멋진 건축가가 되었다.

어릴 때 만들기를 열심히 하면서 가우디처럼 멋진 건물을 짓고 싶다는 꿈이 생겼다.

오늘은 **회사와 미팅이 있었다. **에서 새로 지을 건물을 나에게 맡긴다고 했다.

직원들이 회사에 출근하고 싶도록, 편안하면서도 세련된 건물을 지어 달라고 했다.

건물 의뢰가 들어오면, 나는 여행하면서 찍었던 건물 사진, 미술 작품들을 보면서 고민한다.

그렇게 부모님이 사시는 집과 내가 사는 집도 지었다. 건축가라는 직업은 참 멋진 직업이다.

 건축가 선생님의 하루를 엿보는 기분이구나.

형식 처방전 — 미래의 나를 상상하기

미래의 하루에 대한 일기를 상상해서 써 봐!
상상한 대로 이루어질 거야!

○ 미래 일기 쓰는 법
· 미래의 하루를 정한다.
· 그 미래가 마치 오늘인 것처럼 상상해서 써 본다.

미래 일기의 주제는 무엇이니?

그 주제와 관련해서 어떤 일이 일어났으면 좋겠니?

너의 느낀 점은 뭐야?

✖ 미래 일기를 써 보자.

초판 1쇄 발행 2024년 8월 1일
초판 2쇄 발행 2024년 8월 15일

글 이서윤
그림 아밀리아
펴낸곳 메가스터디(주)
펴낸이 손은진
개발 책임 김문주
개발 김숙영, 서은영, 민고은
디자인 알토란, 손희호
마케팅 엄재욱, 김상민
제작 이성재, 장병미
주소 서울시 서초구 효령로 304(서초동) 국제전자센터 24층
대표전화 1661-5431
홈페이지 http://www.megastudybooks.com
출판사 신고 번호 제 2015-000159호
출간 제안/원고투고 메가스터디북스 홈페이지 〈투고 문의〉에 등록

*잘못된 책은 구입하신 곳에서 바꾸어 드립니다.

메가스터디BOOKS
'메가스터디북스'는 메가스터디㈜의 교육, 학습 전문 출판 브랜드입니다.
초중고 참고서는 물론, 어린이/청소년 교양서, 성인 학습서까지 다양한 도서를 출간하고 있습니다.

제품명 이서윤쌤의 초등 글쓰기 처방전_일기 쓰기
제조자명 메가스터디(주) **제조년월** 판권에 별도 표기 **제조국명** 대한민국 **사용연령** 3세 이상
주소 및 전화번호 서울시 서초구 효령로 304(서초동) 국제전자센터 24층 / 1661-5431

Listening · Speaking · Reading · Writing

An Integrated Skills Course for ESL Learners

CONNECTED

STUDENT BOOK

PAGODA Books

CONNECTED 1 STUDENT BOOK

Copyright © 2015 by PAGODA Books

All rights reserved. No part of this publication may be reproduced, stored in a retrieval system, or transmitted in any form or by any means, electronic, mechanical, photocopying, recording or otherwise, without the prior written permission of the copyright holder and the publisher.

Published by PAGODA Books
PAGODA Books is the professional language publishing company of the PAGODA Education Group.
19F, PAGODA Tower, 419, Gangnam-daero,
Seocho-gu, Seoul, 06614, Rep. of KOREA
www.pagodabook.com

First Published 2015
Thirteenth Impression 2024
Printed in the Republic of Korea

ISBN 978-89-6281-702-7 (13740)

Publisher | Kyung-Sil Park
Writer | PAGODA Language Education Center